MILAGROS AHORA

108 herramientas para transformar tu vida, tener menos estrés y encontrar tu verdadero propósito

MILAGROS AHORA

108 herramientas para transformar tu vida, tener menos estrés y encontrar tu verdadero propósito

Autora de *bestseller* del *New York Times*

GABRIELLE BERNSTEIN

Grupo Editorial Tomo, S. A. de C. V.
Nicolás San Juan 1043
03100 México, D. F.

1a. edición, octubre 2014.

Nicolás San Juan 1043, Col. Del Valle
03100, México, D. F.
Tels. 5575-6615, 5575-8701 y 5575-0186
Fax. 5575-6695
www.grupotomo.com.mx
ISBN-13: 970-607-415-699-7
Miembro de la Cámara Nacional
de la Industria Editorial No. 2961

Traducción: Ana Laura Ortega
Diseño de portada: Karla Silva
Foto de portada: Banprik/Shutterstock.com
Formación tipográfica: Marco A. Garibay
Supervisor de producción: Leonardo Figueroa

Impreso en México - *Printed in Mexico*

A mis grandes maestras espirituales
Marianne Williamson y
Gurmukh Kaur Khalsa.

Gracias por recordarme
que la luz que veo en ustedes
es un reflejo de mi propia luz.

Contenido

Introducción

No creo en milagros. Confío en ellos
Yogui Bhajan

Durante los últimos años, nuestra negatividad y miedo colectivos han afectado adversamente a la economía, al medio ambiente y a la salud de todos los seres en este planeta. Debido a las nuevas tecnologías, al calentamiento global, a las crisis financieras, a los crímenes violentos, a los líos políticos y a los cambios planetarios, nos hemos hecho más sensibles a la energía que nos rodea y al ritmo de la vida. El mundo se ha acelerado y los cambios que estamos experimentando pueden ser difíciles de navegar. La intensidad de estos tiempos puede ser muy incómoda y, en muchos casos, paralizante. Sin una orientación clara la gente puede sentirse desalineada con respecto a su propósito, sus relaciones y su conexión general con el mundo.

Hoy estamos en una posición especial y poderosa porque el mundo está experimentando un despertar espiritual. Cuando la energía se acelera no podemos actuar apocadamente, y nada puede permanecer oculto. En algún momento dado todas las mentiras salen a la superficie y la verdad aparece sin importar qué tanto tratemos de ocultarla. Los cínicos llenan los estudios de yoga y el coro espiritual crece día con día. Hay un llamado masivo para atraer a más trabajadores de luz, y ahora es el momento de elevarnos y traer más positividad al mundo. Cuando las masas comiencen a vibrar con la energía del amor, nuestro planeta ya no necesitará ser un contenedor de guerra, violencia y mentiras.

Este libro te pondrá en el camino correcto y te ayudará a liberar el miedo y la tensión para poder romper tus bloqueos rápidamente. En estos tiempos necesitamos maneras de despejar el estrés y el miedo rápidamente porque sencillamente no tenemos tiempo para hacer una hora diaria de yoga o sentarnos a meditar durante 30 minutos diarios cuando sentimos que la ansiedad nos invade. Es imprescindible contar con herramientas para crear cambios rápidos.

Este libro ofrece métodos emocionantes para alcanzar la paz, tomados de algunos de los más grandes maestros espirituales del mundo. Lo singular de las técnicas que he elegido es que puedes utilizarlas para eliminar rápidamente el estrés y el miedo en cualquier momento, aunque solo tengas disponible un minuto. Seamos honestos: andamos muy agobiados de por sí, y nuestra práctica espiritual no debe atizar ese sentimiento de agobio. Más bien, nuestra práctica debe dirigirse a hacer desaparecer el estrés y el agobio rápidamente para poder vivir más relajados. Este libro es como una fuerza de la naturaleza para eliminar el estrés. *Milagros ahora* incluye 108 técnicas para solucionar los problemas más comunes que enfrentamos. Cada técnica resaltará el asunto, luego ofrecerá principios espirituales, meditaciones y herramientas prácticas para usar inmediatamente. Desglosaré cada técnica de un modo fácil de digerir, al mismo tiempo que iré incorporando verdades espirituales poderosas, transformadoras meditaciones Kundalini, además de lecciones y principios del libro metafísico *Un curso de milagros.*

Mi misión como estudiante y maestra de *Un curso de milagros*, y de yoga y meditación Kundalini es traducir estas verdades espirituales transformadoras para todos los buscadores. *Un curso de milagros* es un programa de estudios autodidacta que se basa en el principio de elegir el amor en lugar del miedo para experimentar cambios milagrosos. El *Curso* enfatiza la práctica de entregar nuestros miedos al cuidado de nuestro guía interno y hace hincapié en el perdón. El *Curso* nos enseña que la verdadera paz se conoce a través de la experiencia del perdón.

Kundalini es el yoga de la conciencia y se centra en aumentar la intuición y fortalecer el campo energético. El Kundalini pretende sacar a la luz el potencial creativo de un individuo para que tenga valores sólidos, sea honesto y se enfoque en la compasión y la conciencia. Yogui Bhajan, maestro de yoga, trajo el Kundalini a Occidente en 1969, y dio a conocer estas enseñanzas sabiendo que necesitaríamos la tecnología Kundalini para equilibrar la energía de lo que vendría en el futuro. En los años setenta, Yogui Bhajan profetizó que estas serían épocas turbulentas. En referencia a estos tiempos dijo que: "La capacidad de la mente alcanzará su mejor momento para poder lidiar con la vida cotidiana. El mundo se hará cada vez más pequeño; así que la vitalidad del ser humano tendrá que aumentar cada vez más". Él sintió que su misión era darnos las herramientas para calmar nuestro sistema nervioso, restaurar nuestra energía y cultivar la compasión.

Es un gran honor compartir los principios de *Un curso de milagros* y del yoga Kundalini en este libro. Estas herramientas te ayudarán a eliminar todo aquello que bloquea la conexión con tu poder interno. Cuando practiques estas técnicas, el miedo se desvanecerá, la inspiración surgirá y te llenará una sensación de paz. Y más importante aún, construirás una relación con el poder que existe en tu interior y esa conexión con ese poder es esencial. El poder del que hablo es tu conexión con el amor.

Entre más sintonicemos con nuestra propia frecuencia amorosa, mayor será el amor que demos a los demás. Cuando el amor es la tendencia, no hay lugar para la violencia y la guerra.

Créeme cuando digo que tu práctica es imprescindible en el despertar del mundo. La energía de cada persona cuenta.

Existe otra razón por la cual estas técnicas son tan importantes y va más allá de nosotros mismos: A medida que eliminamos el estrés de nuestras vidas, ayudamos a los demás a hacer lo mismo. Reflexiónalo. Cuando entras a un lugar y estás completamente estresado, de inmediato bajas la energía alrededor; tus amigos, familiares, colegas y hasta extraños sienten tu tensión y comienzan a sentirse incómodos. Pero cuando entras a un lugar tranquilo y en paz, rebosas gracia y relajación. Pronto, todos los que están cerca de ti reciben esa bendición, aun cuando no se den cuenta de ello de manera consciente.

Tu energía tiene mucho más poder del que puedes imaginar. Hay energía en tus palabras, en tus correos electrónicos y en tu presencia física. Cuando funcionamos desde un estado energético de nivel bajo y temeroso, nuestros pensamientos y energía literalmente pueden contaminar el mundo. Por otra parte, cuando funcionamos desde un espacio de energía positiva, el mundo a nuestro alrededor se vuelve más positivo. La verdad es que el miedo no puede coexistir con el amor. Por lo tanto, debemos aprender cómo disolver las barreras con amor, haciéndonos responsables de nuestra propia energía. Al hacerlo, elevaremos la energía en nuestro entorno.

Para hacer esta práctica aún más radical, te he puesto una trampa para que seas el mensajero del milagro. *Un curso de milagros* enseña que cuando dos o más personas se reúnen en nombre del amor, ocurre el milagro. Así que, a medida que uses estas técnicas, se te guiará para que las compartas. También he resumido cada práctica diaria en una explicación de 140 caracteres (y sé bien que puedes lidiar con 140 caracteres). Si te late, compártelo. Puedes tuitear el mensaje, ponerlo en Pinterest, publicarlo en Facebook o compartirlo en Instagram. Cada mensaje milagroso terminará con el *hashtag* #MilagrosAhora. La intención de usar el *hashtag* es asegurar que tus tuits comiencen a ser tendencia. No hay tendencia más grande que la del amor. Cuando estés inspirado será importante que compartas el mensaje (los lectores de la versión digital pueden compartir desde su dispositivo electrónico).

Mi esperanza y mi intención es equiparte de principios espirituales radicales, meditaciones transformadoras y prácticas de atención consciente que te ayudarán a alcanzar tu capacidad más elevada, experimentar una vida más gozosa y servir de un modo más amplio. Hay una gran recompensa al seguir este plan: ¡Te sentirás formidable! Tu lista de deseos se convertirá en tu realidad, y vivirás una vida que ni en tus sueños más locos has imaginado. Poner en acción ideas sencillas cada día es sumamente poderoso, porque los milagros surgen a partir de nuevos patrones y cambios en tu percepción.

Practica estos principios y superarás rápidamente cualquier pena que te haya estado deteniendo; además, harás espacio para tener una experiencia más enriquecedora. Y estoy hablando de cada aspecto de tu vida: tus relaciones, tu trabajo y dinero, tu salud, tu autopercepción, y todo lo demás. Y sobre todo, tendrás una caja de herramientas de técnicas espirituales para navegar la energía salvaje de estas épocas.

La mejor manera de comenzar este viaje es estar abierto a cada técnica, a pesar de tu reacción inicial ante esta. Espero que intentes cada una de ellas por lo menos una vez. Date la oportunidad de sorprenderte. Después podrás decidir cuáles herramientas te funcionan mejor. Experimentarás cambios milagrosos incluso si solo aplicas de vez en cuando alguna de estas herramientas en tu vida.

Ahora, echemos a andar el tren del milagro y a comenzar a romper tus bloqueos, eliminar la ansiedad y a vivir una vida sin miedo. Comencemos creando *Milagros ahora.*

#1: La felicidad es una elección que tú haces

Cuando me preguntan cuál es la mayor lección que he aprendido, mi respuesta es: la felicidad es una elección que yo hago. Es muy fácil buscar la felicidad fuera de nosotros mismos: en una relación, en el trabajo ideal o el cuerpo perfecto. Cuando perseguimos la felicidad al exterior, sencillamente estamos buscando a Dios en los lugares equivocados. La búsqueda exterior se fundamenta en proyecciones falsas que ponemos en el mundo. Estas proyecciones levantan un muro que nos separa de la verdadera felicidad que reside en nuestro interior. El primer ejercicio te ayudará a entender que nada de lo que "está fuera" puede salvarte del conflicto que vive dentro de ti. Debes desarrollar una rica vida interna para disfrutar de la vida en general.

Cada vez que hacemos este cambio y elegimos la felicidad, experimentamos un milagro. Nuestra mente se separa del engaño del miedo y reconecta con nuestra verdad, que es el amor. La creación de estos cambios requiere un compromiso dedicado a elegir el amor. Para comenzar tu compromiso con las nuevas percepciones, inicia poniendo atención en los pensamientos de ataque dirigidos a ti mismo o a los demás. Cada vez que notes que tus pensamientos se desvían al modo de ataque, di en voz alta o para ti mismo: *La felicidad es una elección que yo hago.* Convierte esta frase en tu mantra.

Entre más te reentrenes para elegir la felicidad en lugar del miedo, más dichoso serás. Repetir un nuevo comportamiento es lo que hace que un cambio se vuelva permanente. Cuando repites un nuevo patrón frecuente, literalmente cambias las secuencias neuronales en tu cerebro. Esta modificación ayuda a que el verdadero cambio se arraigue.

La felicidad es tu elección. Puedes elegir hoy mismo.

¡Ahora es momento de repartir el amor! Tuitea, publica en Facebook o Instagram, envía un correo electrónico y repite el mensaje milagroso a continuación. Pasa el favor transmitiendo el mensaje.

MENSAJE MILAGROSO #1:
LA FELICIDAD ES UNA ELECCIÓN QUE YO HAGO.
#MILAGROSAHORA

#2: Limpia tu lado de la calle

Si quieres vivir una vida milagrosa, tienes que estar dispuesto a observar tu comportamiento y tomar responsabilidad de la vida que has creado hasta ahora. La primera técnica te ayudó a comprender que la felicidad es una elección. Ahora es momento de profundizar en este conocimiento siendo testigo de cómo has elegido el miedo en lugar de la felicidad.

Esta práctica te ayudará a convertirte en el testigo acrítico de tus miedos. Haz una lista de tus diez mayores miedos. A medida que los examines de cerca, sé honesto acerca de cómo han dominado tu vida. Observa cómo tus pensamientos han creado tu realidad.

Luego, al lado de cada miedo, escribe la razón del por qué crees que este miedo prueba ser verdadero. Escribe tanto como desees. Solo hay una regla: sé honesto. Puede ser que descubras que ese miedo se basa en una experiencia de tu pasado que has estado reviviendo una y otra vez durante décadas. O puede ser que te des cuenta de que tu miedo está basado en un futuro que ni siquiera ha sucedido. A medida que enfrentes tus miedos, comenzarás a ver qué tanto de lo que temes es solo Evidencia Falsa que Aparenta ser Real. Cuando actúas a partir de esta Evidencia Falsa, creas caos en tu vida.

Esta práctica te llevará a enfocarte más en tu lado de la calle y tomar responsabilidad del mundo que ves. Este ejercicio despierta sentimientos extraños y al principio puede resultar difícil. Teniendo esto en cuenta, te prepararé para abordarlo con una hermosa oración de *Un curso de milagros*. Siempre que te sientas abrumado por tus miedos, simplemente recita esta oración en voz alta, entrégate y permite que se dé la curación:

Te entrego esto para que lo examines y juzgues por mí.
Enséñame a no hacer de ello un obstáculo para la paz.

Ahora es tu turno de enseñar a los demás a mirar de cerca sus miedos. Comienza sembrando la semilla de la positividad con el mensaje milagroso de hoy.

MENSAJE MILAGROSO #2:
ELIJO REINTERPRETAR MIS MIEDOS DESDE UNA PERSPECTIVA MÁS AMOROSA.
#MILAGROSAHORA

#3: Para sentirte apoyado, apóyate a ti mismo

Durante mis conferencias y talleres escucho con frecuencia que las personas se quejan de que no se sienten apoyadas por los demás. Es posible que estén molestas con sus colegas, sus familiares o amigos, pero cualesquiera que sean las circunstancias, estas personas han entrado a un modo de víctima, resintiéndose con los demás por su falta de apoyo. En lugar de sentir lástima por esta gente, los hago verse rápidamente en el espejo universal y les pregunto: "¿Te apoyas a ti mismo?". Por lo general responden en un tono lloroso: "No, no lo hago".

Fíjate, la manera en la que experimentamos el mundo a nuestro alrededor es un reflejo directo de nuestro mundo interno. Si nuestros pensamientos y nuestra energía no son de apoyo, entonces nuestra vida no tendrá apoyo. Por lo tanto, debemos tomar responsabilidad apoyándonos a nosotros mismos de manera consciente en cualquier momento dado.

Siempre que estés pasando por un mal momento y te sientas solo y que nadie te apoya, de inmediato pregúntate: "¿Cómo puedo apoyarme más a mí mismo?". Luego toma cartas en el asunto. Las acciones sencillas y correctas pueden cambiar enormemente tu actitud y experiencia. Dite a ti mismo algo amable, piensa de manera consciente algún pensamiento fortalecedor sobre ti mismo, o pide ayuda a alguien.

A veces pensamos que la gente debería ser capaz de leer nuestra mente y solo "saber" cuándo necesitamos apoyo, pero no es así. Las personas que están en nuestra vida tienen sus propios desafíos y batallas y, es probable, no vean los nuestros, sobre todo si aparentamos sentirnos seguros. Finalmente, pedir ayuda es un acto radical de autoapoyo. Una de las formas en las que menos nos apoyamos a nosotros mismos es cuando no pedimos apoyo a los demás. Pedir requiere valentía, pero la recompensa es enorme. No solo recibirás el apoyo que necesitas, sino que profundizarás tu relación con la persona a la que le pides ayuda.

Estas pequeñas acciones correctas pueden mejorar muchísimo tu vida en un instante. Cambiar de sentirte una víctima indefensa a ser una persona fuerte que puede cuidar de sí misma puede cambiar tu vida para siempre.

MENSAJE MILAGROSO #3:
SI QUIERO SENTIRME APOYADO,
DEBO APOYARME A MÍ MISMO.
#MILAGROSAHORA

#4: La paz está en tu pulso

La vida diaria trae desafíos e inquietud que pueden sacarnos de golpe de un estado de paz. A lo largo de este libro, un principio clave que recomiendo una y otra vez para eliminar el estrés y alcanzar la paz es la meditación.

Muchas personas desean meditar, pero no saben por dónde empezar. Están conscientes de los beneficios y posiblemente hayan disfrutado algunos momentos de atención consciente, pero han tenido dificultades para hacer de la meditación una práctica diaria. Uno de los obstáculos puede ser que mucha gente se siente intimidada por la meditación. Esta gente cree que tiene que ser experta en meditación desde un inicio para poder disfrutar sus beneficios, pero en realidad, se llama "práctica" por una razón. ¿Esperarías jugar tenis como Serena Williams la primera vez que tomas una raqueta? ¡Por supuesto que no! Pero eso no significa que no puedas brincar a la cancha con atención y entusiasmo, hacer bien ejercicio y mejorar tus habilidades. Lo mismo sucede con la meditación, ¡hasta los principiantes pueden gozar de los resultados al instante!

Una forma sencilla para comenzar a meditar y lograr paz es a través de tu pulso. Con tan solo meditar sobre tu propio pulso puedes calmar tu mente, equilibrar tus hemisferios cerebrales y recalibrar tu sistema nervioso.

Esta meditación Kundalini se llama Aprendiendo a meditar, así que claramente es el sitio perfecto para empezar. Si eres un meditador novato sigue esta práctica y estarás en modo zen en muy poco tiempo.

A través de esta meditación puedes desarrollar tu capacidad para concentrarte. También te ayudará a controlar tus reacciones en cada situación, y a tranquilizar hasta la mente más dispersa.

APRENDIENDO A MEDITAR

Siéntate en Postura Fácil (cómodamente sentada en el suelo, con las piernas cruzadas), bloqueando ligeramente el cuello, lo que significa que tu barbilla debe estar un poco hacia abajo y tu cuello derecho.

Lentamente cierra los ojos y lleva la atención a tu entrecejo (el punto del tercer ojo).

El mantra es *Sat Nam* (que significa "la verdad identificada [nombrada]").

La posición de las manos (mudra) es sencilla. Coloca los cuatro dedos de tu mano derecha en tu muñeca izquierda y siente tu pulso. Los dedos están en una línea recta y presionan ligeramente la muñeca para que puedas sentir el pulso en cada yema. En cada latido de tu pulso, escucha mentalmente el sonido de *Sat Nam*.

Se sugiere hacer esta meditación durante 11 minutos, pero puedes experimentar grandes beneficios en tan solo un minuto. Practica esta meditación a diario para desarrollar tu intuición y tranquilizar tu mente.

MENSAJE MILAGROSO #4:
LA PAZ ESTÁ EN TU PULSO.
#MILAGROSAHORA

#5: ¿Por qué estoy hablando?

¿Alguna vez te has retirado de una conversación sintiendo resaca de todo lo que dijiste? ¿En algún momento pierdes la noción de tu filtro y hablas de más? ¿O eres totalmente incapaz de escuchar a los demás porque tiendes a divagar sobre ti misma?

Cada vez que te des cuenta de que estás hablando de más, simplemente pregúntate: "¿Por qué estoy hablando?". Esta pregunta te sacará del comportamiento centrado en el ego y te devolverá a tu verdad. Pregúntatelo incluso cuando estés a mitad de una plática. ¡Usa esa técnica tan seguido como sea posible y pronto te convertirás también en una gran escucha!

Estoy segura de que el mensaje milagroso de hoy será bien recibido. Simplemente comparte lo siguiente:

MENSAJE MILAGROSO #5:
CUANDO HABLES DE MÁS, SOLO PREGÚNTATE:
"¿POR QUÉ ESTOY HABLANDO?".
#MILAGROSAHORA

#6: La paz comienza contigo mismo

No importa qué tan felices o serenos estemos, siempre existen amigos, familiares o colegas que nos sacan de nuestras casillas. En vez de permitir que estas personas afecten nuestro mundo, es importante entender que son ellas tus tareas más relevantes para tu crecimiento espiritual.

La técnica de hoy es una meditación Kundalini fantástica que te ofrece una solución rápida, sencilla y efectiva para liberar el enojo cuando la gente te molesta. Puedes practicar esta meditación en cualquier momento y en cualquier lugar. Incluso puedes hacerla ahora mismo.

Presiona suavemente tu pulgar contra tu dedo índice, luego contra el dedo medio, luego contra el anular y finalmente contra el meñique.

Cuando toques tu dedo índice, di: LA PAZ

Cuando toques tu dedo medio, di: COMIENZA

Cuando toques tu dedo anular, di: CONMIGO

Cuando toques tu dedo meñique, di: MISMO

Inhala profundamente mientras pronuncias cada palabra. Ve tan rápido o lento como quieras. Usa esta técnica en la fila del banco, debajo de un escritorio en una junta o a mitad de una pelea con tu pareja. Esta técnica te ayudará a sobrellevar cualquier clase de emociones locas y a liberarte rápido del resentimiento.

Ahora es momento de compartir el amor. Publica este mensaje milagroso e inspira a otros para que se den cuenta de que sus relaciones son tareas de vida.

MENSAJE MILAGROSO #6:
LAS RELACIONES SON TAREAS PARA CRECER Y CURARNOS PERFECTAMENTE.
#MILAGROSAHORA

#7: El milagro llega silenciosamente

En este ejercicio se te guiará para que comprendas el siguiente mensaje del *Curso*: "El milagro llega silenciosamente a la mente que se detiene por un instante y se sumerge en la quietud". Para la mayoría de las personas no es fácil sumergirse en la quietud. Cuando estamos atrapados en el caos de pensamientos insistentes bloqueamos nuestra conexión con la voz intuitiva que nos guía desde dentro. Gran parte de nuestra ansiedad y estrés proviene de estar centrados en el miedo y desconectados de la voz de nuestro guía interno. La clave para liberar la tensión es centrarse de nuevo en la quietud para así realinearse con un estado natural de paz. Si queremos vivir una vida milagrosa, guiada por la intuición más que por el miedo, es imperativo contar con las herramientas para acallar la mente.

Si sufres de ansiedad, la técnica de hoy es maravillosa para liberarte de esta. Los sencillos pasos que se describen a continuación se basan en una meditación Kundalini para liberarnos de la ansiedad y la tensión. Sigue estos pasos y disfruta de la quietud que recibirás:

Paso 1: Siéntate cómodamente en una silla y pisa con ambos pies en el suelo.

Paso 2: Cierra la boca y pasa la lengua por dentro en el sentido de las manecillas del reloj, presionándola contra el frente de tu boca. Haz esto de 30 a 90 segundos.

Paso 3: Ahora hazlo en la dirección contraria por el mismo lapso.

Paso 4: Quédate sentado en quietud durante un minuto.

Esta práctica te llevará a entrar en un estado de quietud. En este estado sentirás cómo baja tu nivel de ansiedad a medida que profundizas tu conexión con tu guía interno. Llegarás a aprender que la quietud puede ser tu herramienta más poderosa.

Para este mensaje milagroso puedes compartir la cita de *Un curso de milagros.*

MENSAJE MILAGROSO #7:
"EL MILAGRO LLEGA SILENCIOSAMENTE A LA MENTE QUE SE DETIENE POR UN INSTANTE Y SE SUMERGE EN LA QUIETUD".
#UCDM #MILAGROSAHORA

#8: Las listas de reproducción de percepción positiva son poderosas

¿Alguna vez has tenido una fuerte reacción emocional ante una canción? Tú sabes de qué hablo, el tipo de reacción que te llena los ojos de lágrimas y que te eriza la piel cuando te sientes energizado e inspirado por el sonido. Si te ha sucedido, sabes que una canción puede ser el catalizador de una fantástica experiencia amorosa.

La música es una de las herramientas más poderosas que tenemos para reconectarnos con nuestro guía interno. Espero que hayas tenido este tipo de encuentro musical alguna vez en tu vida. Pero si no es así, nunca es tarde para recibir una intervención musical. Si te has sentido frustrado, enojado o carente de inspiración con respecto a algunas áreas de tu vida, puedes usar la música para rejuvenecerte al derecho y al revés.

¿Necesitas deshacerte de un patrón negativo? Entonces haz una lista de reproducción de percepción positiva. Crea una mezcla de canciones que enciendan tu espíritu y pongan una sonrisa en tu rostro. Escucha la lista de reproducción cuando despiertes por la mañana, durante tu camino al trabajo, en el gimnasio, mientras cocinas la cena, etcétera. Y sobre todo, usa esta lista de reproducción para modificar tu energía cada vez que te sientas deprimido. La puedes llenar con canciones que sean pacíficas y tranquilizadoras, o bien con unas que sean animadas y energizantes (o bien, con ambas). Deja que la música sea tu guía para reactivar tus percepciones positivas. ¿Necesitas un impulso para arrancar? Escucha mi lista de reproducción de percepción positiva en Gabbyb.tv/Miracles-Now.

Usa estas listas de reproducción a lo largo del día. Muy a menudo, quedamos empantanados en nuestras múltiples ocupaciones y pendientes, y nos olvidamos de poner música para dejar que nuestra mente se recalibre. Agenda unos minutos al día para sentarte en quietud total y escuchar una o dos canciones inspiradoras. Suaviza tu mente mientras permites que la música te inunde. Este ritual comenzará una práctica meditativa poderosa para volver la mirada a tu interior y dejar ir preocupaciones mundanas. En esta quietud puedes tener acceso a tu inspiración.

El mensaje milagroso de hoy es una oportunidad para que compartas tu lista de reproducción de percepción positiva. Puedes publicar tu propia lista de Spotify o compartir una de este libro. En este enlace encontrarás una muestra: Gabbyb.tv/Miracles-Now.

MENSAJE MILAGROSO #8:
¡REVOLUCIONA TUS BUENAS VIBRAS CON MI LISTA DE REPRODUCCIÓN DE PERCEPCIÓN POSITIVA!
(GABBYB.TV/MIRACLES-NOW)
#MILAGROSAHORA

#9 Si te sientes desvalido, ayuda a alguien

Muchas personas que llegan a conocer mi trabajo sienten una desconexión del propósito de su vida. El asunto no es que no tengan un propósito, más bien es que olvidaron cuál es su verdadero propósito. Este principio te ayudará a recuperar tu verdadero propósito: ser amor y compartir amor. Este es el trabajo del obrador de milagros. *Un curso de milagros* enseña: "Los milagros ocurren naturalmente como expresiones de amor. Los obran aquellos que temporalmente tienen más para aquellos que tienen menos". A medida de que te abres a tu poder interno, es importante aceptar que el verdadero propósito de tu vida es ser de ayuda para todos.

Hoy estoy presentando una técnica poderosa: recitar con frecuencia una oración de *Un curso de milagros:*

Estoy aquí únicamente para ser útil.
Estoy aquí en representación de Aquel que me envió.
No tengo que preocuparme por lo que debo decir
ni por lo que debo hacer,
pues Aquel que me envió me guiará.
Me siento satisfecho de estar dondequiera que Él desee,
porque sé que Él estará allí conmigo.
Sanaré a medida que le permita enseñarme a sanar.

Las palabras de esta oración contienen la energía y la entrega del servicio. Una vez más, se te guiará para salir de tu modo de ver el mundo a través del servicio a los demás. Como bien lo dijo la Premio Nobel de la Paz, Aung San Suu Kyi: "Si te sientes desvalido, ayuda a alguien". Deja que tu deseo de prestar servicio te guíe a encontrar tu propósito de vida.

Para el mensaje milagroso de hoy sugiero que simplemente compartas esa increíble cita de Aung San Suu Kyi. Este mensaje encierra una energía que necesita compartirse.

MENSAJE MILAGROSO #9:
"SI TE SIENTES DESVALIDO, AYUDA A ALGUIEN".
(AUNG SAN SUU KYI)
#MILAGROSAHORA

#10: Dormir es una práctica espiritual

El sueño reparador es un ingrediente clave para vivir una vida milagrosa. No estoy diciendo que necesitemos 8 o 10 horas por noche para sentir que descansamos totalmente. De hecho, a veces menos sueño resulta más reparador. La clave es dormir realmente... el tipo de sueño en el que babeamos la almohada.

Arianna Huffington, presidenta y editora en jefe de Huffington Post, habló en una entrevista de lo crucial que es el sueño para poder innovar. Huffington dijo que "El mundo necesita grandes ideas desesperadamente —y hay muchas, muchas de estas encerradas en nuestro interior—. Tan solo necesitamos cerrar los ojos y verlas. Así que, damas y caballeros, apaguen sus motores y duerman un poco".

Arianna Huffington tiene razón. La falta de sueño es otra de las maneras en las que bloqueamos nuestro poder, creatividad e intuición. Es común que midamos nuestra productividad según lo mucho que trabajamos y lo poco que dormimos. Esta mentalidad está afectando negativamente nuestra salud y bienestar total. A lo largo de este libro, hago hincapié en que dormir es una práctica espiritual. El primer paso es aceptar que el sueño reparador comienza con la forma en la que nos vamos a dormir.

Yo soy una mujer hiperactiva y en muchas ocasiones he tenido problemas para dormirme. Creo que la forma de obtener una noche de sueño reparador es irse a dormir adecuadamente.

Si tienes problemas para dormirte o permanecer dormido toda la noche, utiliza esta técnica de respiración Kundalini para caer como piedra y dormir a pierna suelta.

Paso 1: Siéntate derecho sobre tu cama.

Paso 2: Inhala usando una respiración con la letra U. Frunce los labios hacia delante como si fueras a dar un beso. Inhala.

Paso 3: Exhala por la nariz.

Continúa este ciclo de respiración durante un minuto. Inhala por la boca en una respiración con la letra U y exhala por la nariz. Te sentirás descansado rápidamente. Y, ¡que sueñes con los angelitos!

MENSAJE MILAGROSO #10:
DORMIR ES UNA PRÁCTICA ESPIRITUAL
#MILAGROSAHORA

#11: La preocupación es orar por el caos

Preocuparse es estar orando por el caos. Por desgracia, preocuparse puede convertirse en un mal hábito que toma el control de tus pensamientos y de tu vida. Generalmente las personas se preocupan para evitar lidiar con sus verdaderos sentimientos. El objetivo de esta técnica es poner de cabeza tu preocupación. Una vez más, conviértete en el testigo objetivo de tu miedo y comienza a reconocer cuándo la preocupación absorbe lo mejor de ti. En el momento en el que reconozcas que tu mente empieza a preocuparse, usa esta técnica:

Solo mira fijamente a la punta de tu nariz.

Ajá, eso exactamente: Mira hacia abajo, a la punta de tu nariz. Esta sencilla acción puede apagar tu mente. Es una herramienta radical para desconectar la preocupación y centrarte en aquietar la mente. En cualquier momento que la preocupación te empiece a derrumbar, redirige tu mente mirando a la punta de tu nariz.

El mensaje milagroso de hoy será muy bien recibido. Muchísima gente se preocupa y obsesiona por asuntos insignificantes. Al compartir este mensaje, puedes ayudar a las personas a salir de su punto de vista y liberarse de su necesidad de preocuparse.

MENSAJE MILAGROSO #11:
LA PREOCUPACIÓN ES ORAR POR EL CAOS.
#MILAGROSAHORA

#12: Todas las mentes son una

¿Has experimentado esos increíbles momentos en los que estás pensando en alguien y esa persona te llama? Estos sucesos no son meras coincidencias; de hecho, son todo lo contrario: recordatorios de que todos estamos conectados. Lo que pensamos, lo sentimos, y lo que sentimos, lo atraemos hacia nosotros. Este concepto aplica en especial a nuestra conexión con otras personas.

Nuestra mente lógica nos convence de que no existe un orden divino en cómo conectamos con los demás. Mientras que, en *Un curso de milagros* se afirma que "No hay accidentes en la salvación. Aquellos que están destinados a encontrarse, se encontrarán, pues juntos tienen el potencial para una relación divina. Están listos el uno para el otro". Tomando esto en consideración, utiliza este mensaje para comenzar a romper las barreras que experimentas con otras personas. Quizá te sientas desconectado de una pareja, o tal vez no puedas entender porque parece que no le caes bien a tu jefe. Estos conflictos pueden llevarte a actuar de cierta forma para hacer que te escuchen, o a levantar un muro de protección para no salir lastimado. La práctica de hoy te ayudará a establecer conexión con cualquier persona, sin importar qué tan difícil o distante pueda sentirse esa relación.

El *Curso* enseña que "Todas las mentes son una". La técnica de hoy te dará herramientas para usar en tu vida cotidiana para que puedas reconocer y aceptar la gran verdad transmitida por Yogui Bhajan: "La otra persona eres tú". Usa esta meditación para aceptar y recordar que estamos juntos en esto, que somos uno solo.

- Siéntate cómodamente en una silla o en el piso.

- Comienza inhalando y exhalando por la nariz.

- Haz inhalaciones largas y profundas.

- Mientras continúas respirando de esta forma, mantén una imagen en tu mente de la persona con la que tienes conflicto.

- Imagina que está parada frente a ti.

- A medida que inhalas, visualiza una luz blanca inundando tu corazón.

- A medida que exhalas, amplía esta luz al corazón de la otra persona.

- Continúa con este ciclo de respiración.

- Permite que este intercambio de luz disuelva tu resentimiento y te devuelva a una sensación de unidad.

Lo increíble de esta meditación es que la puedes hacer dondequiera. Puedes estar sentado frente a otra persona en una oficina y visualizarte enviándole luz. O puedes estar a miles de kilómetros de alguien y lograr el mismo efecto energético. No te sorprendas si la persona te llama o te envía algún tipo de mensaje cariñoso cuando hayas terminado la meditación. Pero no medites para obtener resultados, medita para lograr la paz.

Una vez más, es momento de transmitir el mensaje. Usa el mensaje milagroso de hoy para recordarles a tus amigos y familiares que estamos todos conectados.

MENSAJE MILAGROSO #12:
"TODAS LAS MENTES SON UNA".
(UN CURSO DE MILAGROS)
#UCDM #MILAGROSAHORA

#13: ¿Dónde está el amor?

Cuando nos sentimos atorados es porque elegimos percibir nuestra situación con miedo en lugar de con amor. En donde hay amor existe una manera para desatorarse. Todas las barreras se alzan porque olvidamos apelar al amor.

Este ejercicio te recordará que puedes derribar las barreras con amor. *Un curso de milagros* nos enseña que "Lo único que puede estar faltando en una situación es aquello que no estás dando". Este es un mensaje demasiado empoderador: te recuerda que estamos a cargo de nuestras propias vidas y que no tenemos que esperar a que una fuerza externa cambie nuestras circunstancias. Así que si te sientes atorado en una situación o atrapado en un patrón negativo, pregúntate "¿Dónde está el amor?". Hacer esta pregunta puede catapultarte hacia una nueva perspectiva. Tómate un momento para revisar la situación e identificar en dónde está faltando el amor. Luego haz una nota mental sobre todas las maneras en que puedes ser más bondadoso, generoso y amoroso contigo mismo, con otras personas y tu percepción de la situación.

Por ejemplo, si te sientes atorado en una relación y te encuentras culpándote a ti mismo o a la otra persona por los bloqueos, simplemente di "¿Dónde está el amor?". Busca en tu mente todos los pensamientos, resultados o circunstancias amorosos que pueden reemplazar el miedo que has elegido percibir. Haz una lista mental (o escrita) enumerando nuevas maneras de experimentar la situación y elige una con la que te comprometas. Quizá elijas centrarte en lo que te gusta de la persona, en lugar de en todas las pequeñas cosas que te irritan de ella. O tal vez en el momento en que te sorprendas a ti mismo atacándola, elijas reinterpretar la situación con una actitud más amorosa. Comprométete con tu nueva percepción y deja que se convierta en tu realidad. Acepta que en cualquier momento puedes derribar cualquier barrera con amor.

MENSAJE MILAGROSO #13:
DERRIBA LAS BARRERAS CON AMOR.
#MILAGROSAHORA

#14: ¡Supéralo ya!

Una de las principales razones de nuestra infelicidad y malestar son nuestros pensamientos de ataque. Durante todo el día, sin ni siquiera darnos cuenta de ello, nos atacamos a nosotros mismos y a los demás. Los ataques no tienen que ser tremendos para infligir un daño real, cada pequeño ataque suma, desde un pensamiento negativo sobre nosotros mismos hasta un comentario cortante dirigido a otra persona. El ataque engendra ataque. Atacar a otros en nuestra mente o en nuestras acciones nos daña de manera directa.

Nuestros pensamientos y acciones de ataque son particularmente peligrosos; estos llegan a ser tan sutiles e insidiosos que quizá no nos demos cuenta de qué tanto se han apoderado de nuestra mente. Pero, es sorprendentemente fácil deshacerse de ellos por más malignos que sean. Lo único que se necesita es una liga.

Un día (hoy) ponte una liga en la muñeca. Cada vez que notes que surge un pensamiento de ataque, estira la liga y date un ligazo en la muñeca. ¿Te parece demasiado crispante? ¡Qué bien! Es exactamente lo que necesitas para superar ya tus pensamientos de ataque inconscientes.

Una vez que hayas superado el ciclo de ataque, será momento de limpiar tus pensamientos. Usa este ejercicio que se basa en la lección 23 de *Un curso de milagros*: *Puedo escaparme del mundo que veo, renunciando a los pensamientos de ataque sobre*____________________. Llena el espacio en blanco con lo que sea que estés atacando, ya sea algo amplio o muy específico.

Practica este ejercicio a lo largo del día. Date cuenta de tu pensamiento de ataque, supéralo con tu liga y luego usa el mensaje del *Curso* como recordatorio de que puedes salir de este ciclo en un instante.

MENSAJE MILAGROSO #14:
"PUEDO ESCAPARME DEL MUNDO QUE VEO RENUNCIANDO A LOS PENSAMIENTOS DE ATAQUE".
#UCDM #MILAGROSAHORA

#15: Rompe los bloqueos con la respiración de fuego

Una de las mejores maneras de romper los bloqueos emocionales rápidamente es con una técnica de respiración que se usa con frecuencia en el yoga Kundalini: se le llama "respiración de fuego". La respiración de fuego es una respiración rítmica, inhalando y exhalando por la nariz, algo parecido a sorber profundo por la nariz. En la inhalación, tu diafragma se extiende, y en la exhalación, se relaja, contrayéndose. Una vez que entras en un ritmo, aceleras la respiración hasta que se convierte en respiración de fuego.

Los principiantes de la respiración de fuego casi siempre enfatizan la exhalación. Este es un error común que se puede corregir fácilmente recordando que tanto la inhalación como la exhalación deben ser parejas. También es común que el principiante experimente falta de aire. Esto significa que el diafragma está contraído debido al estrés y a la tensión, o que se está respirando en la dirección opuesta. Recuerda que en la inhalación tu diafragma se extiende, mientras que en la exhalación el diafragma se contrae. Haz un esfuerzo por mantener tu diafragma relajado en las inhalaciones profundas. A medida que practiques la respiración de fuego, liberarás la tensión del diafragma y, como efecto, te liberarás de muchos bloqueos emocionales.

La respiración de fuego tiene muchos beneficios que van más allá de romper con los bloqueos emocionales; purifica y oxigena la corriente sanguínea, incrementa el flujo energético del cuerpo, estimula la glándula pituitaria (la cual ayuda a equilibrar las demás glándulas) y fortalece tu campo electromagnético para que puedas convertirte en un imán para la grandeza. Un minuto haciendo la respiración de fuego puede traerte casi los mismos beneficios que experimentarías en una hora, manteniendo la misma postura con una respiración normal.

MENSAJE MILAGROSO #15:
CUANDO TE SIENTAS BLOQUEADO EMOCIONALMENTE, ANGUSTIADO O ABRUMADO, RECURRE A TU RESPIRACIÓN.
#MILAGROSAHORA

#16: Haz que el perdón sea una práctica

En todos mis libros, conferencias y enseñanzas hago hincapié en la importancia de practicar de tiempo completo la palabra que empieza con P. La experiencia del perdón está en la raíz de todas las enseñanzas espirituales, y es un método por el cual liberamos el pasado y recuperamos el amor en el presente. El perdón es una gran manera de desatorarse y abrirse a una vida más vibrante.

Cuando no perdonas, te sientes atorado, débil, enojado y resentido. Esos sentimientos conllevan un nivel bajo de energía y, por lo tanto, bloquean tu capacidad para curar, crecer y vivir la vida al máximo.

El perdón te ofrece una salida. A través del perdón puedes aprender a soltar la mezquindad y abrir de golpe tu verdadera luz interna. Como muchas otras cosas, el perdón es un hábito. Antes que nada, adéntrate en él aprendiendo a perdonarte a ti mismo.

Yogui Bhajan alguna vez dijo en un salón lleno de sus estudiantes que: "La única diferencia entre tú y yo es que yo practico perdonarme a mí mismo todo el día". Yogui Bhajan nos enseña que la clave para ser el dueño de tu propia mente es aprender a perdonarte a ti mismo. Así que por hoy, solamente por un minuto, practica perdonarte a ti mismo. Haz que sea una acción consciente y decidida. Únicamente toma unos instantes, pero es una acción en verdad transformadora.

En el momento en que reconozcas un autoataque, sigue estos cuatro pasos:

- Sé testigo del pensamiento de ataque.
- Respira en la sensación de malestar.
- Siente el sentimiento.
- Repítete a ti mismo: "Perdono este pensamiento. Sé que no es real".

Practica estos cuatro pasos y prepárate para profundizar en el proceso del perdón. En la técnica #83 se te guiará para que eleves tu perdón y experimentes la verdadera libertad.

MENSAJE MILAGROSO #16:
"EL PERDÓN NO ES UN ACTO OCASIONAL,
ES UNA ACTITUD PERMANENTE".
(DR. MARTIN LUTHER KING, JR.)
#MILAGROSAHORA

#17: Medita para liberar el enojo de la infancia

Mucho de lo que nos detiene en la vida son los antiguos resentimientos que se originan en la infancia. En nuestros primeros años creamos muchas de las historias que luego actuamos como adultos, historias con falta de merecimiento, autodesprecio, victimización y muchas otras más. Siendo niños pequeños aprendimos acerca de la separación y el ser especial. Se nos enseñó a considerarnos menos o mejores que los demás. Aprendimos la injusticia y la desigualdad. La separación nos causó enojo, y cargamos ese enojo hasta la adultez.

El enojo de nuestra infancia forma una gran parte de nuestra neurosis e infelicidad. Si queremos avanzar en la vida, debemos sobrepasar nuestro enojo para lograr acceder a nuestra verdadera fuente de energía. Esta meditación te ayudará a liberarte del enojo de la infancia para que puedas en verdad sintonizar con tus poderes más sutiles.

Meditación para liberar el enojo de la infancia

Siéntate en *postura fácil,* con los brazos extendidos hacia los lados. No debes doblar los codos. Usa tus pulgares para cerrar los dedos de Mercurio y del Sol (el meñique y el anular). Las palmas se dirigen hacia el frente y los dedos apuntan a los lados (como se muestra en las imágenes).

La respiración es única en el sentido de que inhalas succionando aire con los dientes entrecerrados, y exhalas por la nariz. Se sugiere que practiques esta meditación durante 11 minutos, aunque puedes iniciar con 1 minuto e ir incrementando el tiempo.

Para terminar la meditación, inhala profundamente y sostén la respiración por 10 segundos, al mismo tiempo que estiras tu

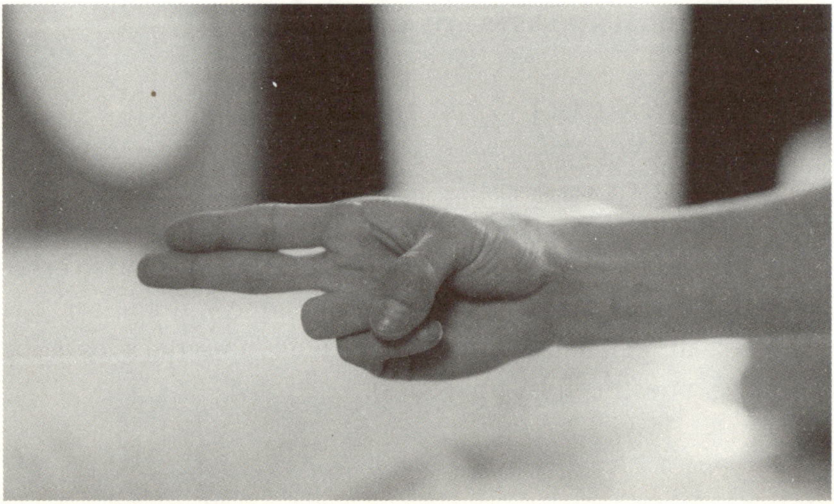

columna y los brazos hacia los lados. Luego exhala. Repítelo dos veces más.

Si te sientes atorado o detenido por el enojo infantil, usa regularmente esta meditación o comienza una práctica de 40 días. La meditación te cambiará totalmente. Puedes practicarla por la mañana y por la tarde. Yogui Bhajan dijo que si practicas la meditación por la tarde, toda tu energía habrá cambiado cuando te despiertes al día siguiente.

Mensaje milagroso #17:
Liberar el enojo del pasado me libera en el presente.
#MilagrosAhora

#18: ¡Solo pide!

¿A veces te enojas o te sientes resentido porque no consigues lo que deseas? ¿O sientes que tus necesidades no se satisfacen? Si te sientes así, te tengo otra pregunta: ¿Acaso pides lo que deseas?

Cuando sientes que no estás obteniendo lo que deseas de los demás, lo más sencillo es quejarse al respecto. Pero culpar a otras personas de tus insatisfacciones es una manera equivocada de abordar el tema. La clave para obtener lo que deseas es PEDIR POR ELLO.

Pedir puede resultar muy incómodo para algunas personas. Veo esto con frecuencia cuando se trata de pedir un aumento, pedir ayuda o simplemente pedirle a alguien que escuche lo que tienes que decir. Aunque resulte difícil pedir, es importante hacer consciente que no obtendrás lo que deseas hasta que estés dispuesto a expresarlo.

Si tiendes a ponerte frenético cuando se trata de pedir lo que deseas, es momento de sacudirte el miedo y cambiar la manera en que actúas. Lo que aprenderás es que, en el fondo, toda la gente quiere dar genuinamente. Por lo tanto, cuando pides desde un lugar de autenticidad y bendición, tu petición será satisfecha con ese mismo respeto. ¡Este es el momento de crear un nuevo hábito y de poner en movimiento tus músculos de pedir!

Comienza el proceso de pedir lo que deseas siguiendo estos tres pasos:

Paso 1: Acepta que al principio te puedas sentir incómodo y torpe. Probablemente has pasado la mayor parte de tu vida con poca disponibilidad a pedir lo que deseas, así que probar un nuevo comportamiento se puede sentir extraño. Recuerda que esa extrañeza es una buena señal. A pesar de lo incómodo que te sientas, lleva esta poderosa acción en la dirección correcta y sal de tu zona de confort.

Paso 2: Sé claro acerca de lo que estás pidiendo. Asegúrate de saber bien qué es lo que quieres. Cuando tienes claro lo que estás pidiendo, tu energía está comprometida con la petición. Pero si no lo tienes claro, tu energía titubea, lo que complica más conseguir lo que pides. También es importante apoyar tu petición con intenciones positivas. Cuando la energía del amor respalda tu petición, esta será recibida con amor.

Paso 3: ¡Solo pide! En el momento en que te descubras evitando la oportunidad de pedir lo que deseas, atraviesa rápido por tu miedo y solo pide. Aunque puedas estar asustado, el simple, pero valiente, acto de pedir puede cambiar tu vida en un instante. Conocerás un nuevo sentido de autorrespeto que le dará a los demás la libertad de respetarte de igual manera.

Deja de apostar por lo poco: habla, reconoce tu poder y pide lo que deseas.

MENSAJE MILAGROSO #18:
LA CLAVE PARA OBTENER LO QUE DESEAS ES PEDIRLO.
#MILAGROSAHORA

#19: Sé más como niño

Es fácil quedar atrapado en las tareas cotidianas y los pendientes. Cuando hay cuentas que pagar y personas a las que mantener, la felicidad se puede convertir en una idea distante. Cuando nuestra energía solo está centrada en cumplir con las tareas, perdemos de vista lo que nos hace felices.

Con frecuencia cometemos el error de pensar que seremos más productivos y estaremos más satisfechos y felices si dedicamos nuestra energía a nuestras tareas y compromisos cotidianos. Hacemos de volada nuestros pendientes con la idea de que podremos relajarnos y disfrutar la vida una vez que hayamos tachado la última tarea. Pero siempre habrá una tarea por hacer. Si constantemente nos enfocamos solo en nuestras responsabilidades, minamos nuestra energía y cortamos nuestro flujo vital.

Puede parecer ilógico, pero una clave para sentirse más productivo y satisfecho es alejarse de las responsabilidades de vez en cuando. En el momento en que te sientas atrapado en la obsesión por hacer, apaga tu computadora y tu teléfono y conecta con tu niño interior. Los niños tienen una enorme capacidad para ser curiosos, creativos y abiertos.

Deshazte de la presión que te has puesto tú mismo y deja libre tu niño interior siguiendo estos consejos:

Sé más curioso: Una increíble manera de salirte de tu círculo mental es tener curiosidad por algo nuevo. Al igual que un niño, pasa tiempo de tu día sintiendo curiosidad por cosas nuevas.

Lee una revista que normalmente no escogerías, pregunta más, o prueba un nuevo tipo de comida. La curiosidad te sacará de lo que te ha estado obsesionando y te conducirá a un estado de sencilla inocencia.

Hazte más presente: Hacerte más presente en cada momento te ayudará a liberarte de la presión que tú solo te pones. Los niños son buenísimos para experimentar el momento con todo su ser. Prueba tu comida con más asombro, date cuenta de los colores del cielo y ríe más alto de lo normal.

Sueña despierto: En lugar de ocupar tu mente en pensamientos caóticos, tómate un descanso de sueño. Siéntate en una banca de parque y sueña despierto. Pasa de cinco a diez minutos imaginándote en una experiencia padre que siempre has querido tener. Este proceso te sacará de tu forma de ser habitual, y además te ayudará a hacer que tus sueños se vuelvan tu realidad.

Practica cualquiera de estas herramientas y te comenzarás a sentir desatorado a medida que tu energía creativa fluye más libremente. Cuando te distancies de tus pendientes para hacer que viva tu despreocupado niño interior, podrás regresar a tus responsabilidades de adulto con una perspectiva fresca y renovada energía.

Mensaje milagroso #19:
Para renunciar al control,
sencillamente suéltate y sé más como niño.
#MilagrosAhora

#20: Las intenciones crecen cuando se comparten

La vida nos puede poner todo tipo de obstáculos y traumas en nuestro camino. Experiencias tales como enfermedades personales o de familiares, pérdida de trabajos o incluso tragedias en las noticias pueden hacernos sentir impotentes. En este tipo de momentos tenemos elección: podemos internalizar nuestra experiencia y aislarnos, o podemos recurrir a otras personas por ayuda.

Una manera de tranquilizarte y recuperar el poder en situaciones de impotencia es reunirse con grupos que compartan nuestros intereses. Los grupos de oración, intenciones dirigidas y meditación pueden ofrecerte a ti y al mundo una curación formidable.

Conectar con la energía grupal es una forma asombrosa para aliviar el dolor agudo del trauma emocional. Un excelente ejemplo de recuperación grupal es el método de los doce pasos. Una de las razones por las que este método ha tenido tanto éxito es que las personas acuden a él para compartir la curación y lograr conexiones armoniosas. La energía de apoyo grupal fortalece las intenciones positivas individuales y les da a todos una salida segura para enfrentar el trauma y las dificultades. Por lo general en las comunidades de doce pasos, la gente sugiere que Dios puede ser el grupo de personas que te contienen durante la recuperación. Dios está en el grupo y, a través del grupo, encuentras a Dios.

Hay muchas maneras de conectar con los demás cuando te sientes indefenso. Por supuesto que no todos terminan en una reunión de doce pasos o en un grupo de recuperación; pero existen excelentes maneras de establecer una conexión grupal inmediata.

Si en tu comunidad no hay gente que esté lista a saltar al tren del amor, entonces únete a un grupo en Internet. Si eres mujer, echa un ojo a mi sitio web HerFuture.com, que es una hermandad femenina digital.

Si eres hombre, sígueme en mi página de Facebook (Facebook.com/GabrielleBernstein), ¡en donde podrás conectar con obradores de milagros como tú y yo! Te invito no solo a que pidas ayuda, sino a que ayudes a quienes lo necesitan. Con visitar esta página durante un minuto al día, sentirás lo que es la comunidad grupal colectiva.

Si existen personas en tu vida que te apoyan, no dudes en buscar su ayuda. Nos olvidamos fácilmente de que también estamos ayudando a las personas a las que pedimos ayuda. Darle a alguien la oportunidad de servir abre su corazón y cambia su actitud. Así que atrévete y llama a alguien. Llama por teléfono a un par de amigos y pídeles que se unan para establecer una intención positiva para tu situación.

En *Un curso de milagros* dice: "Cuando dos o más se reúnen en la búsqueda de la verdad, el ego no puede defender ya su falta de satisfacción. El hecho de la unión les dice que no es verdad".

El *Curso* nos recuerda que cuando nos reunimos para buscar la verdad, podemos recordarnos entre sí sobre lo que es real.

Recuerda que permitir que otros te apoyen, a su vez también genera ayuda en ellos. Cuando te sientas impotente y solo, usa estos ejercicios para hallar poder en una energía grupal positiva.

MENSAJE MILAGROSO #20:
CUANDO PERMITES QUE OTROS TE AYUDEN,
LOS ESTÁS AYUDANDO TAMBIÉN.
#MILAGROSAHORA

#21: Medita para tener una cita

No te imaginas qué tan seguido escucho a gente quejarse acerca de las citas románticas. Ya sea en mis clases de *coaching* grupal o en conversaciones diarias, las dificultades relacionadas con este tipo de citas surgen una y otra vez. Creo firmemente que existen tres bloqueos que impiden que las personas gocen de las citas románticas.

El primer bloqueo es que mucha gente va cargando con su historial de citas desastrosas pasadas hasta el presente. Quizá la última persona con la que saliste nunca te llamó de nuevo y estás aún enojado por eso. Aferrarse a ese enojo lo único que logra es arruinar tu siguiente cita con vibras negativas, aunque mantengas la sonrisa toda la noche. Este enojo te mantiene enraizado en tu historia y te quita la oportunidad de experimentar de lleno el momento presente.

El segundo bloqueo es la falta de claridad. Deseos poco claros traen resultados poco claros. Si no aclaras lo que deseas de una cita romántica, seguirás atrayendo a las personas equivocadas para ti.

El último bloqueo para tener citas románticas fabulosas es la mentalidad de lograr-lograr-lograr. Que en otras áreas de tu vida puedas alcanzar lo que te propones no significa que también puedas controlar tu vida romántica. Puede que seas súper productivo y exitoso en el trabajo, pero eso no necesariamente se traduce al ambiente de las citas románticas. Deja de lado tu mentalidad de "voy a ir tras ello" y relájate en el proceso de conocer a una potencial pareja.

Así que, ¿cómo puedes superar estas trabas en tu vida romántica? La respuesta es: MediDating: ¡Medita para tener una cita!

Ahora que ya has identificado los bloqueos, es hora de echar mano de la herramienta para romper con ellos. *MediDating* es un método que yo creé que involucra la práctica de la meditación para deshacerse de los miedos, elevar la confianza en uno mismo y desatar tu poder de atracción. Para ayudarte en el proceso del método MediDating, he incluido tres meditaciones guiadas a las que puedes acceder gratuitamente en Gabbyb.tv/MediDate (en inglés).

Meditación para liberar ilusiones románticas

Esta meditación guiada es perfecta si te sientes estancado. Si vas cargando con resentimientos hacia anteriores parejas, ¡esta es para ti! Usa esta meditación para ayudarte a liberar los miedos, el enojo y las dudas que te han estado deteniendo para experimentar amor. Escúchala en Gabbyb.tv/MediDate.

Meditación para antes de una cita romántica

Esta meditación es la que debes practicar antes de salir a encontrarte con una pareja potencial. La clave para lograr una cita exitosa es que te muestres como eres auténticamente. No hay nada más sexy que tu verdad. Usa esta meditación para deshacerte de los nervios y centrarte en tu autenticidad. Llévate a TI a la cita y tendrás un éxito rotundo. Escúchala en Gabbyb.tv/MediDate.

Meditación para manifestar

Esta meditación es sagrada. Te ayudará a conectar con cómo quieres sentirte en una relación romántica. La manera para realmente manifestar tus deseos es centrarte en cómo te quieres sentir: ese sentimiento es lo que atrae el amor a tu lado. Cuando practiques esta meditación, ¡prepárate para sintonizar con tu zona amorosa y alístate para el romance! Escúchala en Gabbyb.tv/MediDate.

¡Libera tus ilusiones sobre las citas románticas y medita para tener una cita usando el método *MediDating*!

Mensaje milagroso #21:
Estoy listo para recibir amor.
#MilagrosAhora

#22: Vence el pánico escénico

Seguramente estaremos bajo los reflectores en algún momento de la vida, ya sea para dar un discurso inaugural, hacer una presentación en el trabajo o incluso hacer un brindis en una boda. Hablar en público puede ser intimidante sin que sea determinante el tamaño de la audiencia. Algunas personas se paralizan por completo cuando tienen que hablar frente a un público. He sido testigo de cómo ciertas personas, que aparentan ser muy seguras de sí mismas, se quedan mudas cuando tienen que presentarse de este modo. La debilitante experiencia del pánico escénico puede ser un gran bloqueo para avanzar en una carrera o hasta para compartir tus talentos.

El pánico escénico se origina en creencias limitantes tales como: "No es seguro hablar en público", o bien, "No me aceptarán con lo que tengo que decir". Si quieres superar esta antigua fobia, tienes que juguetear con una parte del cerebro que dispara el pánico escénico (y todos los demás miedos): la amígdala. La amígdala cumple una función importante en el almacenaje de memorias asociadas con los sucesos emocionales. Cuando esta se dispara, tiene la capacidad de secuestrar al cerebro lógico y ponernos en modo de "lucha o huida".

Al aplicar presión sobre ciertos meridianos del cuerpo se puede modular la amígdala y así liberarnos de la ilusión de sentirnos inseguros. El simple acto de presionar en un meridiano específico (un meridiano es parte de un principio de medicina china que afirma que existe una vía por la que fluye la energía vital), puede generar una nueva emoción que te ayude a tranquilizarte y crear una nueva experiencia.

Esta herramienta es similar a la Técnica de Liberación Emocional (EFT, por sus siglas en inglés), también conocida como *tapping* (dar golpecitos suaves). El concepto es que cuando damos golpecitos suaves en ciertos meridianos, podemos desbloquear las emociones estancadas y disparar una nueva experiencia en el cerebro (Aprende más sobre el *tapping* en la técnica #25).

Mi querido amigo y maestro de Kundalini, Joseph Amanbir Young, que es también acupunturista con licencia, se enfoca en ayudar a la gente a liberar el estrés y la tensión, y en crear nuevos patrones emocionales. Él dice que: "Cada punto de meridiano tiene una influencia distinta en nuestra psique. Una herramienta efectiva para el pánico escénico es aplicar presión en un punto en el dorso del antebrazo. El nombre de este punto es 'Barrera Externa' y nos permite atravesar por situaciones en las que tenemos que exponernos ante el mundo con valentía y autoconfianza".

¿Te sientes presa del pánico escénico? Amanbir recomienda aplicar una presión media en el dorso del antebrazo (¡funciona en ambos brazos!), aproximadamente 7.5 cm desde la muñeca. Mantén la presión de 1 a 3 minutos.

Este milagro de un minuto puede ayudarte a vencer el pánico escénico y llevarte a establecer un nuevo patrón emocional. Usa esta herramienta todas las veces que tengas que hablar en público; y recuerda, ¡el mundo necesita que compartas tu luz!

Mensaje milagroso #22:
Hablo con seguridad porque el mundo necesita mi luz.
#MilagrosAhora

#23: Reza antes de pagar

Tengo que admitir que yo solía ser una de esas personas que dejan que las cuentas por pagar se apilen. Sí, yo era esa chica. Cada mes, en mi escritorio la pila se hacía más grande y tambaleante. Cada vez que la veía, sentía pinchazos de frustración por tener que pagarlas. Quizá esta situación se originó en un viejo miedo a no tener suficiente, o tal vez solo estaba ejercitando mis músculos de autosabotaje. Cualquiera que fuera el tema, se trataba de un ritual mensual espantoso.

Entonces vi con claridad que mi mal hábito me estaba bloqueando de muchas maneras, y creando frustración y culpa innecesarias. Mi pila de cuentas sin pagar estaba cubriendo mi escritorio, algo totalmente inaceptable. El ancestral método chino del *feng shui* hace hincapié en eliminar todo amontonamiento en el espacio de trabajo. El desorden tiene un profundo impacto en nuestro bienestar emocional, mental, físico y espiritual. Lo positivo de limpiar todo el desorden es que libera energía vital que ayuda a la claridad mental, a la inspiración, ¡e incluso a nuestra capacidad para generar ingresos!

Así que mi primer paso hacia la curación de mi relación con las cuentas por pagar fue limpiar el desorden de mi escritorio. Junté la pila de papeles y organicé cada estado de cuenta en una linda caja verde. (Si tus cuentas por pagar son electrónicas, puedes hacer algo similar con tu correo electrónico, y organizarlas a medida que vayan llegando, así no estarás buscando el último estado de cuenta entre el resto del correo).

Una vez que organicé mis papeles, me comprometí a llevar mi práctica espiritual a mis cuentas por pagar mensuales. Me senté con mi hermosa caja verde y recé con cada estado de cuenta antes de hacer el cheque correspondiente. Dije: "Gracias, universo, por proveerme los recursos para pagar estas cuentas. Agradezco poder contribuir con la economía y mantener mi floreciente negocio". Me sentí llena de energía con tan solo decir esta oración antes de pagar cada cuenta. Me sentí llena de una actitud de gratitud, en lugar de sentir ansiedad y tensión.

Ahora mi proceso de pagar cuentas es mucho más disfrutable y mi escritorio está ordenado. Para rematar, tan pronto como limpié mi escritorio, comencé a notar que llegaban más oportunidades profesionales nuevas. El dinero empezó a fluir mejor cuando hice espacio para recibirlo.

Si eres el tipo de persona que experimenta mucha ansiedad cuando tiene que pagar las cuentas pendientes, usa estos consejos para romper el bloqueo. ¡Despeja tu escritorio y reza antes de pagar!

Mensaje milagroso #23:
Reza antes de pagar.
#MilagrosAhora

#24: No compares más

Comparar es un hábito desagradable. Cuando nos comparamos con los demás nos enganchamos en la creencia de que somos mejores o menos que alguien más. La comparación genera enemistad, resentimiento, celos y competencia. Vivir de este modo puede dañar tu felicidad y tu sensación de paz. ¿Cómo puedes sentirte en paz si te estás comparando constantemente con otras personas? ¡Es agotador!

Debajo de la inclinación a comparar hay una sensación muy arraigada de que no somos suficiente. Cuando sentimos inconscientemente la carencia, la proyectamos en otros para no sentirnos tan mal acerca de nosotros mismos. Es un círculo vicioso. Por ejemplo, quizá has estado soltero por un tiempo y te comparas con aquellos que están en una relación. Este acto de compararte te provoca un nerviosismo que refuerza la noción de lo que careces, y que te convence que quienes tienen una pareja son mejores que tú. O quizá te comparas con los famosos y figuras públicas. Siempre te ves a ti mismo menos que los demás y, en efecto, te sientes incompleto. Comprender este patrón es el primer paso para transformarlo.

Una vez que seas consciente de tu hábito de comparación, el siguiente paso es tomar acción para cambiar tu comportamiento. En el momento en que te veas a ti mismo comparándote, haz una pausa y di (ya sea en voz alta o para ti mismo): "La luz que veo en ellos es un reflejo de mi luz interna". Aunque no creas esta afirmación o pienses que es demasiado *hippie*, intenta repetirla. Cada vez que te compares, recita esta afirmación.

Si eliges percibir tu propia identidad en un momento dado, puedes liberarte de la necesidad de compararte con los demás. Te puedes liberar en un instante. Eso es un milagro.

Practica esta herramienta tan seguido como sea posible y pon atención en tus cambios. La transformación puede ser sutil al principio, pero sentirás un alivio inmediato. Libérate del círculo de la comparación y estarás en paz con quien eres.

MENSAJE MILAGROSO #24:
CADA VEZ QUE TE COMPARES CON LOS DEMÁS,
SOLO DI ESTA ORACIÓN:
"LA LUZ QUE VEO EN ELLOS
ES UN REFLEJO DE MI LUZ INTERNA".
#MILAGROSAHORA

#25: ¡Golpetea ese estrés!

El estrés se ha convertido en una epidemia. ¿Cuándo fue la última vez que dijiste "Estoy totalmente estresado"? ¿Esta semana? ¿Hoy? Yo lo escucho todo el tiempo; parece ser el estado natural de muchas personas. En varios casos, el estrés tiene origen en experiencias del pasado que no han sanado y que han establecido creencias basadas en el miedo en el presente. Nos estresamos cada vez que se disparan las memorias de aquellas experiencias. Por ejemplo, quizá te dijeron de niño que tenías sobrepeso. Ahora, cuando llega la hora de comer, la comida en tu plato dispara el estrés y el miedo en relación con el acto de comer. O tal vez cargues una vieja creencia que te limita sobre no ser un buen lector. Entonces, cuando te piden que leas en voz alta, sobreviene el estrés y te sientes abrumado por el miedo.

Así es como funciona: Nos topamos con un disparador, y en ese punto el cortisol (la hormona del estrés) se secreta en el torrente sanguíneo. Los altos niveles de cortisol en sangre pueden tener importantes efectos negativos en el cuerpo. El estrés extremo puede conducir a un desequilibrio de azúcar en sangre, baja concentración, hipertensión, disfunción tiroidea y muchos otros síntomas negativos. La buena noticia es que una vida sin estrés está disponible para todos. Únicamente necesitamos las herramientas correctas para liberarnos del estrés minuto a minuto.

Para manejar el estrés yo practico como rutina la EFT, Técnica de Liberación Emocional, también conocida como *tapping* (dar golpecitos suaves). La EFT es una técnica psicológica de acupresión que ayuda a la salud emocional. He visto que el *tapping* es una manera fabulosa de romper los bloqueos en un instante. A lo largo de este libro te encontrarás con más ejercicios de *tapping* para ayudar a romper bloqueos específicos. (Si quieres adentrarte en el *tapping,* lee el increíble libro de mi amigo Nick Ortner, *La solución Tapping*).

Este ejercicio será una excelente forma de integrar el *tapping* en tu vida. Puedes golpetear sobre cualquier asunto que se te presente, ya sea que estés estresado por el trabajo, sintiendo presión en tu vida personal o cualquier otro tema. Esta herramienta requiere que des golpes suaves en puntos específicos que se alinean con los meridianos energéticos de tu cuerpo. Cada meridiano que se detalla en la técnica del *tapping* se relaciona con un órgano o parte del cuerpo específicos.

Cuando estimulas estos meridianos, le dices a la amígdala (la parte del cerebro que se encarga de la respuesta "lucha o huida") que se tranquilice. Cuando la amígdala recibe la información de que es seguro relajarse, el estrés se reduce de inmediato. Cuando vayas golpeando suavemente sobre los puntos específicos, te guiaré para que trates ciertas emociones que surgen en relación con el estrés que sientes. Simplemente sigue mi texto y usa la guía visual para aprender cuál es la ubicación de cada punto del *tapping.* ¡Que comience el golpeteo!

Cada vez que empieces una sesión de *tapping,* debes iniciar con tu Problema Más Apremiante o PMA. En este caso el PMA se relaciona con el estrés. Usemos la frase: *Estoy totalmente estresado y abrumado.* Antes de comenzar, califica este PMA en una escala del 1 al 10, siendo 10 lo más doloroso.

Usando el texto a continuación, da golpecitos suaves en las áreas de tu cuerpo que se especifican en la imagen, al mismo tiempo que dices las frases que se sugieren aquí. Antes de comenzar, revisa cada punto de *tapping* en la imagen.

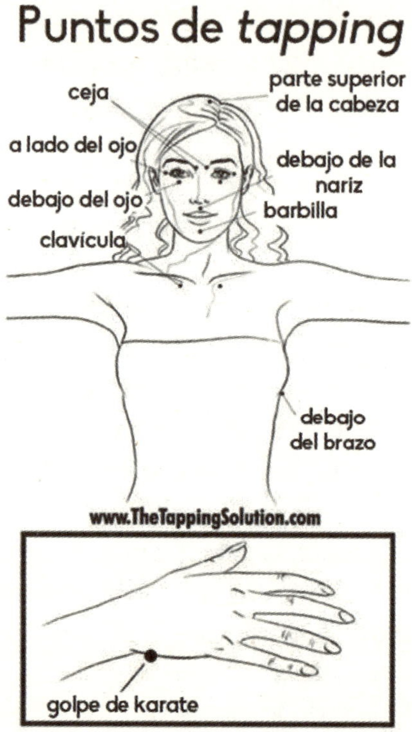

Inicia dando golpecitos suaves sobre el punto del golpe de karate. Golpetea sobre cada punto aproximadamente siete veces. Mientras das golpecitos repite tres veces la siguiente frase: Aunque estoy totalmente estresado y abrumado, me acepto a mí mismo profunda y completamente.

Golpe de karate: *Aunque estoy totalmente estresado y abrumado, me acepto a mí mismo profunda y completamente.*

Golpe de karate: *Aunque estoy totalmente estresado y abrumado, me acepto a mí mismo profunda y completamente.*

Golpe de karate: *Aunque estoy totalmente estresado y abrumado, me acepto a mí mismo profunda y completamente.*

Continúa haciendo *tapping* en los demás puntos y repite estas frases en voz alta al mismo tiempo que golpeteas suavemente:

Ceja: *Este estrés me está volviendo loco.*

Al lado del ojo: *Me siento abrumado y asustado.*

Debajo del ojo: *No creo que pueda lograr hacer todo.*

Debajo de la nariz: *Si no logro hacer todo, me estresaré aún más.*

Barbilla: *Todo este estrés me está abrumando.*

Clavícula: *Me temo que no podré terminarlo todo.*

Debajo del brazo: *Este miedo me está causando más estrés.*

Parte superior de la cabeza: *Simplemente no me puedo calmar.*

Ceja: *No puedo imaginar cómo lograré hacer todo.*

Al lado del ojo: *Todo este estrés.*

Debajo del ojo: *Este miedo está aumentando.*

Debajo de la nariz: *Es difícil respirar cuando estoy tan estresado.*

Barbilla: *No puedo manejar mi vida sin estresarme.*

Clavícula: *Temo soltar el control.*

Debajo del brazo: *Debo mantener el control.*

Parte superior de la cabeza: *Estoy asustado por mi estrés.*

Continúa dando golpes suaves en las "rondas negativas" (todas las afirmaciones acerca de lo estresado que estás) hasta que empieces a sentir alivio. En el momento en que sientas alivio, comienza con los golpecitos en la "ronda positiva" y repite en voz alta las siguientes frases:

Ceja: *Sé que este estrés no me sirve.*

Al lado del ojo: *Creo firmemente que puedo vivir sin estrés.*

Debajo del ojo: *Mis verdaderos logros se dan mediante la calma.*

Debajo de la nariz: *Cuando estoy calmado tengo más energía para terminar todo.*

Barbilla: *No necesito más este estrés.*

Clavícula: *Estoy listo para soltar este agobio.*

Debajo del brazo: *Ahora me puedo relajar.*

Parte superior de la cabeza: *Ahora estoy calmado.*

Golpetea en las afirmaciones positivas tantas veces como desees, hasta que sientas verdadero alivio.

Cuando termines, di en voz alta tu PMA: *Aunque estoy totalmente estresado y abrumado, me acepto a mí mismo profunda y completamente.* Ahora califícalo del 1 al 10 y compara con el resultado inicial.

Si golpeteaste en cada ronda comprometidamente, de seguro habrás experimentado alivio. En algunos casos, se puede bajar de 10 a 2 en solo un minuto de dar golpecitos. Esta es una de las herramientas más poderosas para romper tus bloqueos en un instante. Si no sentiste alivio, ¡no te preocupes! Simplemente sigue golpeteando. Toma un poco de tiempo acostumbrarse, pero tu mente y tu cuerpo responderán. ¡Golpetea!

MENSAJE MILAGROSO #25:
LOS MIEDOS DEL PASADO PUEDEN LIBERARSE
TAN SOLO CON PERMITIRTE SENTIRLOS.
#MILAGROSAHORA

#26: Piensa para escaparte

Sin ni siquiera darnos cuenta, podemos caer en el nerviosismo tan solo con estar pensando. Un pensamiento lleva al siguiente, hasta que se vuelven una maraña y terminas enganchado en un delirio de miedo. Por ejemplo, tal vez has estado obsesionado con la idea de perder tu trabajo. En el momento en que tu jefe llega de mal humor, tu miedo se dispara y tus pensamientos se enloquecen. Comienzas a pensar en el peor de los casos, visualizando el momento en que tu jefe te llama a su oficina para despedirte. Luego, lo sigues pensando en el instante en que dejas tu oficina con tus cosas en una caja. De ahí te pones a pensar lo difícil que te será pagar tus cuentas y en todas tus responsabilidades. Ya para ese punto estás aterrorizado, a nada de que te dé un ataque de pánico en tu escritorio y, por lo menos, la siguiente media hora está arruinada.

Sin embargo, todo este caos se creó en tu mente a partir de una idea diminuta y enloquecida acerca de tu trabajo. Mientras tanto, ¡resulta que tu jefe llegó de malas debido a sus propios asuntos, y no a los tuyos! Este es un claro ejemplo de cómo casi toda la ansiedad que experimentamos se basa en pensamientos de miedo y no en la realidad.

Los psicólogos consideran que tenemos más de 60 mil pensamientos al día, y de 95 a 99 de estos son repetitivos. Es probable que estés demasiado familiarizado con tus pensamientos repetitivos, tales como: *No tengo lo suficiente, Eso nunca va a funcionar*, o *No soy lo suficientemente bueno para mi pareja*... y así por el estilo.

La clave para redirigir el patrón de nuestros pensamientos es elegir nuevos pensamientos de manera proactiva. Este ejercicio requiere compromiso y dedicación, ¡pero caray, vale la pena!

He aquí el punto esencial: cada vez que te des cuenta de que tus pensamientos comienzan a enloquecer, usa el método de la liga descrito en la técnica 14. Estira la liga y date un ligazo en la muñeca para salir del ciclo del miedo. Luego, inmediatamente piensa para escaparte: con un pensamiento a la vez, recurre a una perspectiva más elevada y amorosa.

Utilicemos de nuevo el ejemplo del trabajo para ilustrarlo. Imagina la misma situación: tu jefe llega de mal humor y tu miedo a ser despedido se dispara. En lugar de perderte en la espiral del miedo, te das un ligazo para redirigir tus pensamientos; de inmediato recurrirás a una perspectiva positiva.

Tus pensamientos pueden ser algo como: Sé que llegó a trabajar de mal humor, pero probablemente se deba a asuntos personales. Voy a enviar pensamientos positivos a mi jefe para que pueda liberarse de lo que le está molestando. Confío en que mi actitud positiva y mi visión inspiradora de la vida me ayudarán a mantener mi trabajo. Sé que soy un excelente trabajador y que a la gente le encanta estar cerca de mí. Me siento seguro de mis habilidades y confío en mi experiencia. Mi trabajo está seguro. Estoy en paz. Todo está bien.

Como puedes ver, esta es una manera mucho más positiva de manejar tus pensamientos. El simple acto de pensar para escaparte del miedo puede cambiar toda tu experiencia. Al elevar tus pensamientos, elevas tu energía y, por lo tanto, te conviertes en un recipiente de experiencias más deseables. Confía en el poder de tus pensamientos y tómalos muy en serio. En tan solo un minuto puedes pensar para escaparte del miedo y regresar al amor. Practica este principio siempre que descubras al miedo queriendo meterse a tu cabeza.

Mensaje milagroso #26:
Puedo pensar para escaparme del miedo.
#MilagrosAhora

#27: Perdona y borra

Un día mi madre me llamó muy agitada. Casi sin aliento, me dijo: "¡Alguien está escribiendo cosas feas sobre ti en tu página de Facebook! Pero no te preocupes, cariño, ya le respondí y lo puse en su lugar". Yo me reí y le contesté: "Gracias por defenderme, mamá, pero así no es como manejo la negatividad en Internet". Continué explicándole que como estudiante y maestra espiritual, debo de poner en práctica lo que predico. Le ayudé a mi madre a entender que engancharse con la negatividad es solamente una inversión en la negatividad misma. En lugar de defenderme y atacar de vuelta, he aprendido a ver estos encuentros como tareas espirituales de origen divino. Mediante la compasión, el no estar a la defensiva y el perdón, he observado que manejando conscientemente a quienes atacan en Internet, fortalece mi fe espiritual.

Como el universo lo tiene previsto, esa no fue mi única conversación de la semana sobre este tipo de personas que rondan la Internet. Al día siguiente, estaba en Chicago filmando un segmento para el show de Oprah, "Super Soul Sunday"; ¿cuál creen que fue una de las primeras preguntas de Oprah para mi panel? ¡Ella preguntó que cómo lidiábamos con los que van sembrando odio por Internet! De inmediato respondí: "Perdonando y borrando".

Si tú te pareces un poco a mi madre, es hora de guardar los guantes de box y de utilizar este principio para lidiar con personas tan negativas.

Ten compasión por estos individuos. Aceptémoslo: La gente feliz no publica comentarios groseros en la Red. La compasión te reconectará con la noción de unidad y con no tener que defenderte; eso te hará guardar los guantes de box y optar por otra perspectiva. Solo suelta completamente y perdona. Para realmente cerrar el trato, te sugiero que uses la oración: "Rezo para perdonarte y dejarte ir". Luego siéntete libre de bloquear o borrar al usuario, o de esconder el comentario. Si puedes limpiar las actualizaciones, hazlo como parte de tu práctica. No hay por qué dejar que los comentarios negativos permanezcan ahí. Simplemente perdona y borra.

MENSAJE MILAGROSO #27:
¿CÓMO LIDIAR CON LAS PERSONAS QUE ATACAN EN INTERNET? ¡PERDONA Y BORRA!
#MILAGROSAHORA

#28: Reparte halagos sincera y generosamente

Por más bien que se sienta recibir halagos, darlos también tiene un gran impacto. Ofrecer amor y bondad puede cambiar tu energía y fortalecer el sistema nervioso en un instante. Muchas investigaciones científicas sugieren que existe una fuerte relación entre la compasión y el nervio vago, que es el que regula el corazón y controla los niveles de inflamación en el cuerpo. La palabra "vago" viene del latín *vagus* y significa "andar errante", lo cual resulta apto, ya que este nervio largo recorre todo el cuerpo y tiene mucha influencia en su funcionamiento. Un estudio científico se centró en la meditación sobre la bondad amorosa, que es la esencia del Budismo Tibetano. Los investigadores descubrieron que la bondad y la compasión reducían la inflamación en el cuerpo, debido a su efecto sobre el nervio vago.

Además de beneficios a la salud, la bondad también trae beneficios emocionales. Cuando ofrecemos amor y bondad a los demás, nos centramos en nuestro estado natural. Un curso de milagros enseña que: "La Bondad me creó bondadoso". Este mensaje nos recuerda que nuestra verdadera naturaleza es ser bondadosos y amorosos con la gente. Por desgracia, perdemos de vista nuestra verdadera bondad cuando nos ganan los hábitos de este mundo, basados en el miedo. Así que entre más practiquemos actos espontáneos de bondad, mejor nos sentiremos porque estaremos ejercitando nuestra verdad.

Una excelente manera de compartir amor y bondad es halagar a alguien. Es muy sencillo; tómate un tiempo en el día para hacerle un cumplido genuino a alguien. No importa si no conoces a la persona (de hecho, halagar a un extraño es una buena manera de crear un conexión positiva instantánea). Simplemente ofrece el halago de forma sincera. Asegúrate de prestar atención a cómo cambia la energía en la otra persona. Sé testigo de cómo brilla su luz interna y deja que esta ilumine tu estado anímico. Cuando le das un cumplido a alguien, te estás halagando a ti mismo. La bondad es un búmeran.

MENSAJE MILAGROSO #28:
REPARTE HALAGOS SINCERA Y GENEROSAMENTE.
#MILAGROSAHORA

#29: No eres tus hábitos

A lo largo de mi vida he dejado muchos malos hábitos. Recientemente dejé de beber café; y hacerlo no fue fácil. De hecho, por más raro que parezca, fue aún más difícil que cuando dejé definitivamente las drogas y el alcohol. La cafeína fue mi última droga y, como no me estaba matando, me seguía dando permiso de beberla.

Una de las principales razones de que sigamos atrapados en hábitos dañinos es por nuestros pensamientos permisivos, como: *Una taza de café al día no va a matarme*; o bien: *Solo bebo los fines de semana*. Estos pensamientos nos tienen convencidos de que no hay nada malo con nuestro comportamiento, aunque muy en el fondo sepamos que no está bien.

En muchos casos, usamos nuestros malos hábitos para evitar enfrentar algo más complicado. En mi caso, estaba usando la cafeína como último vicio. En mi condición de sobriedad, sentía que merecía algo a lo que recurrir cuando sentía necesidad de una sacudida.

Este hábito parecía inofensivo, pero cuando me sinceré conmigo misma, vi con claridad que estaba usando el café como una droga más. Luego de revisar bien mi comportamiento, hice conciencia de que debía dejar de darme permiso para beber café, y que era momento de cambiar ese hábito.

Hacer la transición de un hábito dañino puede ser muy incómodo al principio. Para ayudarte a facilitar el proceso, he detallado los tres pasos que me funcionaron cuando dejé el café.

Paso 1: Concéntrate en el día a día. Una de las razones principales por la que nos tropezamos al tratar de cambiar un hábito es que comenzamos a futurizar. Por ejemplo, cuando comencé a dejar el café, me proyectaba en el futuro con pensamientos tales como: ¿Qué haré cuando esté en Europa y quiera un capuchino? Lo que más me ayudó durante esas alucinaciones del futuro fue tomarlo día a día. Entonces me decía a mí misma: No necesito preocuparme por mañana. Hoy elijo no beber café. Sigo comprometida un día a la vez.

Paso 2: Cambia tu patrón de respiración. Cuando cambiamos nuestro patrón de respiración, cambiamos nuestra energía y, por lo tanto, lo que experimentamos. Cuando notes que estás a punto de recaer en tu comportamiento negativo, inhala profundamente. Tu energía tranquila y centrada te ayudará con el comportamiento positivo y te frenará para que no te enredes en el mal hábito.

Paso 3: Haz que sea disfrutable. Dejar un hábito negativo no tiene que ser una tortura. De hecho, hasta puede ser algo disfrutable. Para crear un cambio real necesitamos voluntad: Necesitamos encontrar gozo y curiosidad en nuestras nuevas circunstancias. Dejar ir un mal hábito es sencillamente crear uno nuevo. En ese nuevo hábito puedes encontrar felicidad. En mi caso, elegí no afligirme por haber perdido el café y, en cambio, me enamoré del té orgánico.

Si estás listo para dejar un vicio que te ha estado fastidiando, usa estos tres pasos y encuentra dicha en la creación de nuevos hábitos.

Mensaje milagroso #29:
Puedo cambiar mis patrones
cuando cambio de idea acerca de ellos.
#MilagrosAhora

#30: Utiliza la meditación de la mochila

A lo largo del día nos topamos con distintos disparadores del estrés. Cualquier tipo de circunstancia, gente, ruido, e incluso el clima, lo pueden disparar. Yogui Bhajan decía que el 85 por ciento de nuestro comportamiento es automático y está determinado por nuestro medio ambiente. Si dejamos que este último dicte nuestro estado de ánimo, nuestra vida se sentirá como una montaña rusa emocional. La única manera de bajarnos de ella es mediante la respiración.

Quizá consideres que la respiración es algo absurdo, y entonces no pondrás atención al ritmo y profundidad de tus inhalaciones y exhalaciones. Tal vez nunca hayas aprendido a respirar adecuadamente. Cuando presento la práctica de la respiración a una nueva audiencia, ¡me sorprende ver cuántas personas respiran de manera "opuesta" a la que deberían hacerlo!

El modo correcto de respirar es la respiración yóguica (o respiración total) que expande los pulmones y el diafragma. Este método de respiración es sencillo: inhala, y tu diafragma se expande; exhala, y este se contrae. Para asegurarte de que lo estás haciendo correctamente, coloca tu mano sobre el estómago y comprueba que se está expandiendo lo suficiente en la inhalación (como un globo que se infla), y contrayendo por completo en la exhalación (como un globo totalmente desinflado).

Revísate. ¿Es así como has estado respirando? Si tu respuesta es negativa, significa que te has estado estrangulando. ¡Está bien!, solo cambia el patrón hoy mismo.

Recurrir conscientemente a nuestra respiración no es nuestra respuesta inicial el estrés. Es más probable que la mayoría de nosotros alce la voz, haga un berrinche o se suelte llorando. En lugar de perder la calma, usa este ejercicio para volver a sentir paz.

Esta es la meditación de la mochila. La puedes guardar en tu bolsa o mochila y usarla cuando sea y en donde sea que surja el estrés. Te salvará en cada ocasión estresante.

Aquí te detallo cómo funciona.

La postura: Siéntate con las piernas cruzadas en Postura Fácil (sukhasana).

Las manos: Reposa tus manos sobre las rodillas, con las palmas hacia arriba, y une tu dedo pulgar con el índice. Este gesto de los dedos se llama Gyan mudra. Un mudra es una

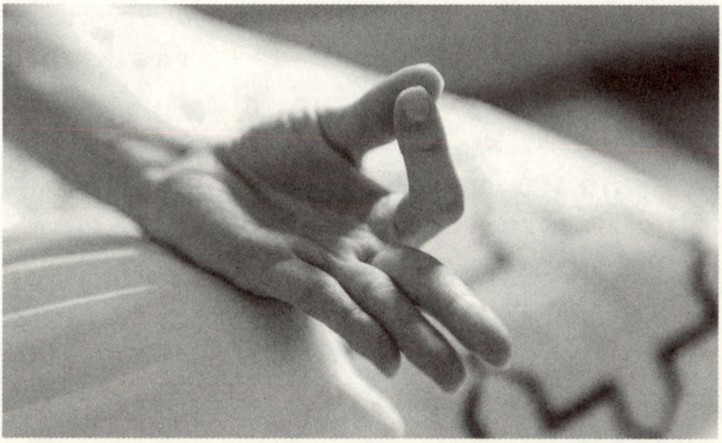

posición de las manos que dirige el flujo energético hacia el cerebro por medio de la conexión con meridianos energéticos específicos. Al presionar el pulgar sobre el índice se enciende el conocimiento. El dedo índice representa a Júpiter (conocimiento y expansión), y el pulgar representa al ego. El Gyan mudra proporciona receptividad y calma.

La respiración: Esta meditación Kundalini sugiere que inhales por la nariz en ocho tiempos y exhales por la nariz en un solo tiempo (Mira la explicación en el video en Gabbyb.tv/Miracles-Now). Si la respiración yóguica es algo nuevo para ti y se te dificulta inhalar por ese tiempo prolongado, reduce la inhalación por la nariz a cuatro tiempos, y exhala por la nariz en un solo tiempo.

Duración: Puedes hacer esta meditación por un minuto y experimentar resultados milagrosos. Guarda esta meditación en tu mochila y úsala cuando estés estresado, exhausto o tenso. Los yoguis Kundalini sugieren que hagas esta meditación por 11 minutos, durante 40 días. Puedes comenzar con 3 minutos e ir aumentando hasta llegar a 11.

Pon mucha atención en cómo tu medio ambiente dispara tus patrones de estrés. Cuando sea posible, recurre a esta meditación para liberarte del estrés y recuperar tu vitalidad.

MENSAJE MILAGROSO #30:
SI MI MEDIO AMBIENTE DICTA MI ESTADO ANÍMICO, MI VIDA SE SENTIRÁ COMO EN UNA MONTAÑA RUSA.
LA FORMA DE PISAR FIRME ES A TRAVÉS DE MI RESPIRACIÓN.
#MILAGROSAHORA

#31: Sé el faro

No es fácil olvidar cómo nos hizo sentir la noticia sobre la balacera en la Escuela Sandy Hook, en Connecticut. Yo estaba a la mitad de un entrenamiento de 60 horas para ser maestra de yoga Kundalini, rodeada de una fiel comunidad yóguica y de mi maestra. Cuando nos enteramos del suceso estábamos consternados. La mayoría de los participantes en mi grupo de entrenamiento son padres; podía ver el terror en sus rostros. Se hizo silencio en el salón y la gente comenzó a sollozar. Entonces recurrimos a nuestra maestra, Gurmukh, para que nos orientara. Gurmukh ha dedicado los últimos 45 años de su vida al Kundalini. Nos miró cariñosamente y nos dijo algo sencillo que resonó profundamente en mí: "No deben ser víctimas, sean faros". Nos sentimos fortalecidos y conmovidos con su respuesta.

De ningún modo estaba sugiriendo que ignoráramos nuestros sentimientos acerca de la situación. Por el contrario, ella nos estaba guiando para que sintiéramos abiertamente y usáramos esos sentimientos para elevarnos por encima del trauma. En lugar de sentarnos a llorar y sintiendo miedo, Gurmukh nos guio en una oración grupal. Nos sentamos en círculo con los codos pegados a las costillas, antebrazos y palmas rectas y hacia arriba (como se muestra en la imagen). En este círculo cantamos el mantra *Ra Ma Da Sa Sa Se So Hung*, que significa "Yo soy Tú". También puede significar "el servicio de Dios está dentro de mí". Esta meditación puede hacerse solo o en grupo para autocurarse o curar a otros, y al mundo. Los que la practican participan cambiando la vibración del mundo.

Practica esta meditación tú solo o en un grupo.

Postura: Siéntate con las piernas cruzadas en Postura Fácil (como se muestra en la imagen).

Brazos: Pega los codos a las costillas, antebrazos y palmas rectas y hacia arriba.

Mantra: Canta *Ra Ma Da Sa Sa Se So Hung* (Entra a Gabbyb.tv/Miracles-Now para descargar la música y el mantra).

Si estás en un grupo, siéntense en círculo con sus manos viendo hacia las personas que están al lado para crear una cadena dorada que conecte a todo el grupo. De manera grupal, canten el mantra *Ra Ma Da Sa Sa Se So Hung*. Sentirán un cambio inmediato en su energía y una gran interconexión con el universo.

Puedes hacer esta misma práctica tú solo.

Si hoy estás leyendo este libro, seas consciente de ello o no, te has comprometido a ser el faro. Cualquier persona que es guiada hacia un camino espiritual cambiará la conciencia del mundo. Practica esta meditación siempre que estés atrapado por el miedo y la victimización, y recuerda que el mundo necesita tu luz.

Mensaje milagroso #31:
Yo no soy la víctima, soy el faro.
#MilagrosAhora

#32: Báñate en luz

Una de las herramientas fundamentales cuando se trata de experimentar una vida de vitalidad es aprender a recargar tu energía. Generalmente, nos quedamos atorados en la mentalidad de no estar logrando nada si no estamos agobiados y estresados. Es irónico si consideras que el agobio lo único que hace es robarnos nuestra energía y, por lo tanto, frenarnos. Ya que no podemos evitar el agobio del todo, sí podemos usar herramientas que nos ayuden a recuperar nuestra energía y reiniciar.

Una de mis mejores herramientas para recuperar mi energía es bañarme en luz cálida. Sé que esto suena sin sentido, ¡pero es increíblemente poderoso! Busca un lugar tranquilo en tu casa, en el sauna del gimnasio o incluso en tu oficina (con la puerta cerrada). Recuéstate en el suelo y visualiza una cascada de luz inundando tu cuerpo. Inhala y exhala profundamente por la nariz. A medida que respiras, permítete hundirte cada vez más profundo en el suelo. Continúa visualizando la cascada de luz inundándote, calmándote, limpiándote y recuperándote.

Es posible que empieces a sentir un cosquilleo y que tu cuerpo vibra. Esta es una señal de que tu energía se está recalibrando con la energía del universo. Recuerda que tan solo somos energía rodeada de más energía. La física cuántica sugiere que al mirar profundamente en la estructura del átomo, lo único que vemos son ondas de energía. Nosotros estamos hechos de átomos que continuamente están emitiendo y absorbiendo luz y energía, incluso cuando dormimos.

Cuando entiendes que el cuerpo está hecho únicamente de energía, puedes reconocer que sentirse estresado y agobiado es agotador. Piensa que tu cuerpo es una batería que se puede recargar con energía positiva. En el momento en el que nos tranquilizamos y centramos nuestra energía, comenzamos a vibrar con las poderosas fuerzas que nos rodea. Dale a tu cuerpo un minuto de baño de luz para recargar tu batería.

MENSAJE MILAGROSO #32:
RECUÉSTATE Y RECARGA TU BATERÍA.
EL MUNDO NECESITA TU LUZ ENERGÉTICA.
#MILAGROSAHORA

#33: Deja una poderosa impresión energética

Aunque seas un parlanchín como yo, lo cierto es que tu energía dice más que tus palabras, así que es importante entender el poder de tu energía y tus pensamientos. Mucha gente da por hecho que si dice y hace todo lo correcto, los demás lo van a querer. Pero todos captamos la energía de los demás; aunque esto suceda solo en un nivel subconsciente, podemos saber cuando las palabras y las acciones de alguien no reflejan su energía. Es fundamental aceptar el poder de tus pensamientos y sentimientos para poder dejar una impresión energética positiva y poderosa.

Antes de entrar a cualquier lugar en el que compartirás tu energía con los demás, usa el siguiente ejercicio para limpiar tu campo energético y aumentar tu magnetismo. Comienza por inhalar profundamente expandiendo tu diafragma, y al exhalar, saca el aire contrayendo tu diafragma. Continúa este ciclo de respiración profunda mientras despejas la mente y fijas intenciones positivas. Di para ti mismo: "Elijo quitar cualquier energía negativa a la que me haya estado aferrando. Elijo captar toda la energía positiva alrededor y dentro de mí. Mi intención es compartir mi energía positiva con el mundo". Con tu respiración y tus intenciones positivas pueden cambiar por completo tu estado de ánimo y prepararte para compartir tu grandeza con cualquiera que te encuentres.

Dejar una impresión energética positiva te servirá de muchas formas. Aunque puede ser de gran ayuda para conectar con los demás, el beneficio más importante es que sentirás más apoyo y un mayor flujo vital. Este principio te ayudará a limpiar tu energía antes de entrar en una situación nueva, para que así puedas dejar siempre una impresión positiva.

Practica esto la próxima vez que entres en una habitación. Ya sea que te vayas a encontrar con alguien que conoces o con un completo extraño, solo prueba este ejercicio para que puedas recurrir a él en todo momento.

Mensaje milagroso #33:
Mi energía positiva deja una poderosa impresión en el mundo.
#MilagrosAhora

#34: Sé una máquina de amor

¿Alguna vez te has sorprendido a ti mismo juzgando a personas que ni siquiera conoces, como, por ejemplo, alguien que está ocupando dos asientos en el metro? ¿O te sientes como un extraño en ciertos lugares —quizá en tu oficina—, y proyectas pensamientos negativos en los demás para "protegerte" y no salir lastimado? Aunque tu juicio puede ofrecerte alivio temporal, realmente no te hace sentir mejor a la larga.

Cuando nos alejamos de los demás, nos desconectamos de nuestra verdad amorosa y nos sentimos bloqueados. La manera más rápida y efectiva de romper este bloqueo es mandar amor a todos. Ahora bien, no estoy sugiriendo que abraces a los extraños por la calle. Pero sí te estoy ofreciendo la oportunidad de extender los pensamientos y la energía amorosa a las personas que veas.

Como lo aprendiste en la técnica #33, dejamos una impresión energética poderosa, sea buena o mala, a donde vayamos. Así que pongamos en práctica el compartir amor activamente y no solo emanarlo.

A lo largo del día, manda amor a todas las personas a través de una oración amable, una sonrisa o la simple intención de ser bondadoso. Si estás en el transporte colectivo o atorado en el tránsito, envía amor a los que tienes alrededor. Puedes decir mentalmente: "Pido para que tengas un día lleno de bendiciones". Antes de entrar a tu lugar de trabajo, bendice en silencio a todos los que forman parte de la oficina. Y cuando regreses a tu casa por la noche, antes de entrar haz lo mismo con tu familia, cohabitantes o mascotas.

Un curso de milagros nos enseña que la oración es el medio por el que se dan los milagros. A través de una oración amorosa puedes cambiar el día entero de una persona. Es posible que ellas no sepan que interviniste, ¡pero seguro sentirán un efecto!

Yogui Bhajan dijo: "Si no puedes ver a Dios en todo, no puedes ver a Dios en nada". Piensa que "Dios" es equivalente a "amor". Si quieres experimentar el amor divino en tu vida, practica ver amor en todo. Considérate una máquina de amor que se hace más amorosa a medida que reparte amor.

Reparte el amor a lo largo y ancho y presta atención a cómo te hace sentir hacerlo. También pon atención a la forma en la que las personas reaccionan a ti. Puedes cambiar la vida de alguien a través de una oración, una sonrisa o pensamiento positivo.

MENSAJE MILAGROSO #34:
"SI NO PUEDES VER A DIOS EN TODO,
NO PUEDES VER A DIOS EN NADA".
(YOGUI BHAJAN)
#YOGUIBHAJAN #MILAGROSAHORA

#35: Entrega tus obsesiones

¿Alguna vez has deseado tanto un resultado, que terminó convirtiéndose en una obsesión? Quizá desees un aumento de sueldo, o tal vez te esté consumiendo el deseo de hallar una pareja. No hay nada de malo en querer que algo suceda, pero obsesionarse con el resultado te puede hundir rápidamente.

Cuando te obsesionas por un resultado, es probable que los amigos te digan: "Ya olvídalo". Pero como bien sabemos, no es tan fácil hacerlo. A veces necesitamos realizar un esfuerzo extra y entregarnos en un nivel más profundo. A través de una entrega genuina puedes soltar la necesidad de obtener resultados y confiar que el universo se encargará de ti.

Durante años he practicado entregar mis deseos a un triángulo sagrado. En mi muro hay un triángulo de madera que es un emblema del médium Juan de Dios, de Brasil. Cada lado del triángulo representa una idea diferente: valentía, fe y esperanza. Cada vez que tengo un deseo que no puedo soltar, escribo una nota para el universo y la pongo en el triángulo. Lo que escribo es: *Gracias, universo por guiar este deseo de________________*. Te entrego esto y confío en que tu plan es mucho mejor que el mío. Luego coloco la nota en el triángulo y la dejo ahí por una semana. Al final de la semana, quito la nota con ese deseo y la quemo. (Si resulta peligroso quemarlo, ¡simplemente tírala en el w.c.!).

Este sencillo acto de escribir una nota al universo y colocarla en el triángulo sagrado me ha ayudado a soltar fuertes obsesiones. Una vez que la nota esté en el triángulo, llega la quietud e inmediatamente me siento en paz.

Puedes hacer tu propio triángulo o crear una caja para Dios (o el universo), decorando un joyero o una caja de zapatos. Coloca tus deseos ahí de la misma forma que yo lo hago. Cualquiera de las dos opciones sirve. El universo sabe lo que está sucediendo y se encargará del resto.

Mensaje milagroso #35:
Entrego mis deseos y sé que el universo se encarga de mí.
#MilagrosAhora

#36: Muévete para romper tus bloqueos

En mi libro *Add More ~ing to Your Life*, compartí mi gusto por rebotar en un mini trampolín. Además de hacerme sentir como niña, este ejercicio fortalece mucho el sistema linfático y me ayuda a romper mis bloqueos.

Cuando estoy escribiendo y empiezo a bloquearme mentalmente o a sentirme agobiada por los cientos de correos electrónicos sin leer en mi bandeja de entrada, me pongo a saltar en mi trampolín. En un minuto mi cuerpo comienza a sacudirse el estrés. Recomiendo hacerlo durante 10 minutos para lograr vitalidad y paz, totales. Hay varios trampolines que me gustan, los puedes encontrar en Gabbyb.tv/Miracles-Now.

Si no quieres comprar un trampolín o no tienes espacio para ponerlo, usa una cuerda para saltar o baila por la habitación. Gabrielle Roth, la fundadora de la danza *5Ritmos,* alguna vez dijo que: "La danza es la ruta más veloz y directa hacia la verdad". A veces, cuando realmente necesito sacudirme de ciertas cosas, pongo alguna canción poderosa y bailo a su ritmo.

El cuerpo humano necesita moverse. Algunas investigaciones demuestran que saltar (idealmente sobre el trampolín) es uno de los ejercicios más efectivos por el modo en que beneficia al sistema linfático. Haz de cuenta que el sistema linfático es como la lavadora del cuerpo; lleva nutrientes a las células, al mismo tiempo que barre los productos de desecho. El movimiento es fundamental para que el sistema linfático pueda funcionar adecuadamente. Si no hay movimiento apropiado y suficiente, el sistema linfático se bloquea, dejando que las células se empapen en los desechos del cuerpo y se queden sin nutrientes. Este estancamiento puede conducir a enfermedades como cáncer, artritis, padecimientos degenerativos y envejecimiento.

El sistema linfático se mueve en una sola dirección. Los vasos linfáticos principales se mueven hacia arriba por las piernas, los brazos y el torso. Es por esto que el movimiento vertical de arriba hacia abajo en el trampolín es tan útil para estimular este sistema del cuerpo. Y si generalmente utilizas ropa ajustada para hacer ejercicio, te vendrá bien usar algo más suelto esta vez; de hecho, ni siquiera deberías usar sostén. Cuando brinco en mi trampolín no uso sostén. El movimiento libre de los senos ayuda a mover la linfa a través del tejido del seno. Ya sé que esto suena loco, pero es vital para nuestra salud.

Rebota, salta, baila: haz lo que sea necesario para sacar la tensión de tu cuerpo. Los movimientos verticales sencillos pueden ayudarte a romper los bloqueos que hay dentro de tu cuerpo y tu mente. No necesitas hacerlo por un tiempo definido, ni usar ningún tipo de ropa especial. Todo lo que requieres es la voluntad de moverte para romper tus bloqueos.

Mensaje milagroso #36:
Cuando muevo mi cuerpo, rompo con todo lo que me bloquea de mi verdadera salud y vitalidad.
#MilagrosAhora

#37: Comparte tu luz con el mundo

Probablemente, no suelas hablar seguido —o quizá nunca— sobre lo genial que eres. A la mayoría de nosotros (especialmente a las mujeres) nos han enseñado a creer que demostrar más de una "silenciosa" seguridad en uno mismo es alardear. Muchas veces, entre más brillemos, más reacciones negativas recibimos de los demás: tal vez tu reciente ascenso te hizo ser el blanco de los chismes en la oficina; o te convertiste en la estrella de Pilates y recibiste más halagos malintencionados, que felicitaciones. Este tipo de experiencias nos hacen perder de vista nuestros talentos y nuestra chispa interna, lo que a su vez, priva al mundo de nuestra grandeza.

Cuando le restas importancia a tu grandeza por miedo a que las demás personas se sientan mal, te estás olvidando de lo intenso que puedes brillar. Convierte tu chispa interna en un fuego de grandeza abrasadora mediante estos cuatro tips. Intégralos paulatinamente en tu vida diaria; tomará un poco de tiempo, pero los resultados serán inmensos.

Tip 1: Mira hacia dentro. Nuestra cultura premia las manifestaciones externas del éxito: el trabajo espectacular, la boda decadentemente cara, el guardarropa de diseñador (en la talla "correcta"). Pero, centrarte en lo que está fuera de ti bloquea totalmente tu luz interna, y puede llevarte directo a tener una autoestima baja. No olvides que lo bello de ti no tiene nada que ver con algo externo. Cuando te descubras enganchándote con cosas externas, simplemente medita. Siéntate en calma de 1 a 3 minutos y céntrate en tu respiración. Te sentirás más aterrizado, conectado contigo mismo y listo para brillar.

Tip 2: Sé auténtico. Reconocer tus rarezas —como, por ejemplo, poder repetir los diálogos de cada episodio de *Friends*, o que tengas un sentido del humor poco convencional—, puede ser difícil al principio. Enfrentémoslo: no conformarse a las reglas requiere de agallas, aunque hayamos dejado la escuela hace mucho. Pero no hay nada más genial que tu verdad auténtica, desde la parte seria hasta la tonta. La próxima vez que tengas la oportunidad de decir lo que piensas, muestra tu lado vulnerable, o pide lo que realmente deseas. Entre más aceptes tu personalidad real, más fácil será todo. Y dejar que tu verdad brille te hará sentirte más conectado con los demás, ellos también dejarán los fingimientos y serán auténticos.

Tip 3: En serio haz tiempo para lo que te encanta. Una manera fabulosamente simple de acceder a tu chispa interna es poner atención en lo que te inspira. A lo mejor te gusta tomar fotografías, pero tu cámara lleva acumulando polvo por meses. Tal vez adoras cocinar, pero has estado tan enfrascada en otros asuntos últimamente, que tu bote de basura de la cocina solo se ha estado llenando con recipientes de comida para llevar. Comprométete a apartar un tiempo cada semana (o incluso cada día) para hacer lo que te fascina.

Si no estás seguro de lo que te inspira, pon atención a las cosas que haces sin esfuerzo, simplemente porque te encantan. Puede ser algo tan sencillo como escribir en un diario o hacerle un peinado a un amigo que te deja experimentar en él. Eres bueno para un montón de cosas, solo tienes que aprender cómo reconocerlas.

Tip 4: ¡Brilla como si te lo creyeras! Comparte tus talentos y hallazgos favoritos con otras personas. Teje una bufanda para tu vecino favorito; publica tu original lista de reproducción en Facebook; envía a tus amigos el cuento corto que escribiste. Estas pequeñas acciones no son arrogantes ni entrometidas. Solo estás compartiendo lo que te hace feliz y, al mismo tiempo, invitando a los demás a hacer lo mismo. Cuando tus parientes, amigos y colegas te alaben, acéptalo con un simple y sentido "gracias". Y no temas, además, repartir halagos sincera y generosamente.

MENSAJE MILAGROSO #37:
CUANDO BRILLO INTENSAMENTE,
DOY A OTROS EL PERMISO DE BRILLAR CONMIGO.
#MILAGROSAHORA

#38: Ve al atormentador como mentor

Muy probablemente en tu vida hay personas que te sacan de quicio, esas que te ponen nervioso cada vez que las ves, como aquel compañero de escuela que sabe cómo despertar tus inseguridades, o el papá o la mamá que te vuelven loco a las primeras de cambio. No importa qué tan difíciles parezcan ser estas personas, son tus más grandes maestros. Aunque este concepto te puede desconcertar en un principio, considera la posibilidad de que algo importante tienes que aprender con ellas. Como hemos ido explorando a lo largo de este libro, existen oportunidades de aprender y crecer. Así que, ¿cómo puedes empezar a ver a tus atormentadores como mentores?

El ejercicio es sencillo: Cada vez que tu "atormentador" te saque de tus casillas, en vez de defenderte impulsivamente o montar una redada para coartarlo, tómate un momento para respirar profundamente. Luego de tres respiraciones largas y profundas, repítete: ¿Qué puedo aprender de esto? Abre tu conciencia para recibir guía sobre lo que puedes aprender de esta situación. Los sentimientos que otros encienden en ti son emociones que deben salir a la superficie. En lugar de enterrarlos y culpar a la otra persona de volverte loco, pon atención a lo que surge. Si algo se dispara significa que necesita ser curado.

Una vez que te hayas preguntado qué puedes aprender de esta situación, tómate un minuto para estar en quietud. Permite que tu subconsciente se abra para recibir información. Es muy posible que tu intuición te hable claro y ofrezca guía.

Quizá escuches en tu mente palabras como "soltar", "amor" o "perdonar". Honra los golpes de intuición que recibas.

Si no obtienes ninguna guía en ese minuto de tranquilidad, entonces pon atención a lo que surja de manera sutil a lo largo del día. Quizá escuches una canción que te lleve a liberar el enojo contenido, o veas un mensaje que te ofrece el mensaje exacto que necesitas escuchar. La guía puede llegar de muchas formas y está disponible para todos. Solo necesitamos pedirla y estar atento a las señales.

Si estás lidiando con una persona en verdad difícil, a veces la primera lección es simplemente tolerancia y paciencia. Puede ser que lleve un tiempo abordar la situación con amor y perdón; pero dar el primer paso hacia aprender a tolerar a los demás y ser paciente con ellos, puede ser una ayuda para sacudirte el resentimiento y el enojo, y convertir el tormento en orientación.

MENSAJE MILAGROSO #38:
PUEDO VER AL ATORMENTADOR COMO MENTOR.
#MILAGROSAHORA

#39: Tan solo hazte presente

Va una confesión: Yo no siempre practico lo que predico. Hay muchos días que me vuelo el ejercicio o que acorto mi meditación. Mi ego, como el de cualquier otra persona, se resiste al crecimiento personal y a la práctica espiritual. Fácilmente puedo caer en las trampas de la pereza y la evasión que nos pone el ego, pero nunca me hace sentir bien.

Todos experimentamos la apatía en algún momento de nuestras prácticas de crecimiento personal. Algún tipo de resistencia siempre nos afecta, ya sea desviarnos a la tienda de donas en lugar de ir al gimnasio o evitar visitar al terapeuta por meses. Una excusa maravillosa es no tener suficiente tiempo. Con frecuencia la gente me dice: "No tengo tiempo de meditar" o "No tengo tiempo para orar"; yo suelo responderles: "¿Tienes tiempo para sentirte fatal?". La verdad es que cuando dedicas tiempo a tu crecimiento personal, terminas ahorrando tiempo porque no lo estás desperdiciando regodeándote en sentimientos desagradables. Si estás listo para zafarte del círculo vicioso, este principio será la luz que te guíe.

Algo que me ayudó enormemente con mi apatía ocasional fue una sugerencia de uno de mis maestros de yoga Kundalini. Él me dijo que los grandes maestros de Kundalini insinuaban que el 90 por ciento de la práctica era simplemente presentarse a la clase o llegar a sentarse en el tapete. El acto de estar presente es una tremenda afirmación para el universo de que estás listo y deseoso, y eres capaz de recibir guía. Hacerte presente es un apoyo para que crees un nuevo hábito y despegues.

Así que si has estado evitando ir al gimnasio, no te pongas nervioso pensando lo que harás o cómo te sentirás cuando finalmente llegues: ¡solo amárrate las agujetas y hazte presente! O si has estado descuidando tu práctica de meditación, siéntate en el cojín y comienza con tu Om. Cada vez que te caches divagando por el Twitter, viendo episodios repetidos o deambulando por las tiendas para buscar algo de diversión, sal de tu aturdimiento y aprovecha la oportunidad de terminar con tu parálisis.

Solo decide hacer ya eso que te ha generado apatía. Deja de esperar a que algo grande suceda, simplemente hazte presente para el cambio.

MENSAJE MILAGROSO #39:
90% DE LA PRÁCTICA DE CREAR NUEVOS HÁBITOS ES HACERSE PRESENTE.
#MILAGROSAHORA

#40: Medita para curar la adicción

De alguna forma u otra todos sufrimos de adicción. Hay personas que eligen drogas o alcohol, mientras que otras están enganchadas con la comida, el sexo, el trabajo o con Internet; la lista es larga. Recurrimos a estas sustancias o actividades en un intento por evitar sentir malestar. Aun cuando no somos adictos a los vicios tradicionales como el tabaco y el alcohol, podemos ser adictos subconscientemente a patrones neuróticos: miedo, rechazo, victimización, y otros tantos.

Cuando tenemos una adicción existe un desequilibrio en la glándula pineal (también conocida como el tercer ojo). La pineal es una pequeña glándula endocrina que se localiza en el cerebro de los vertebrados. Cuando esta tiene un desequilibrio, los malos hábitos se convierten en adicciones severas. Un desequilibrio en la glándula pineal afecta la glándula pituitaria, encargada de regular el resto de sistema glandular. Y, cuando la pituitaria se ve afectada, el cuerpo y la mente enteros se desequilibran.

Esta meditación puede ser sanadora para cualquiera, pero es particularmente útil para las personas que tienen una adicción severa y para aquellas que están en algún tipo de recuperación de adicciones. Usa esta meditación para cualquier tipo de dependencia, desde alcoholismo hasta pensamientos basados en el miedo.

Sigue las pautas que se presentan a continuación y utiliza la imagen como una ayuda. Esta meditación es una adaptación de una enseñanza de Yogui Bhajan.

Postura: Siéntate en Postura Fácil (con las piernas cruzadas en el suelo). Estira la columna.

Ojos: Mantén los ojos cerrados y enfócate en el punto del entrecejo.

Mantra: *Saa Taa Naa Maa*

Mudra: Cierra ambas manos en puño y extiende los dedos pulgares; colócalos sobre las sienes y encuentra el espacio en donde caben bien. Haz un candado energético apretando los molares y mantén los labios cerrados. Presionando los dientes unos con otros durante la meditación, aprieta bien los molares alternadamente, liberando la presión. Un músculo bajo los

pulgares se estará moviendo al mismo ritmo. Siente cómo masajea los pulgares y aplica una presión firme con las manos. En silencio haz vibrar los cinco sonidos primarios —el Panj Shabd— *Saa Taa Naa Maa,* en el entrecejo (como se ve en la imagen de la página anterior).

Duración: Continúa de 5 a 7 minutos. Con la práctica, puedes aumentar a 20 minutos y, eventualmente, a 31 minutos.

Esta meditación puede ayudar a curar cualquier tipo de adicción. Practícala por 40 días o más; repetirla te ayudará a abrirte el camino de tus patrones adictivos y a liberarte de ellos.

MENSAJE MILAGROSO #40:
YO NO SOY MIS PATRONES ADICTIVOS.
SOY FELIZ. SOY LIBRE.
#MILAGROSAHORA

#41: Domina el miedo tras un evento aterrador

Cuando suceden cosas espantosas en el mundo nos sentimos temerosos, aun viviendo a miles de kilómetros de un suceso aterrador. ¿Cómo lidiamos con nuestros miedos en estas situaciones? Es fácil esconderse en un bar, insensibilizarnos navegando por Internet o apagando las noticias, haciendo como que nada ha pasado. Pero si evitas el miedo, este perseguirá tu subconsciente. Cuando ocurren tragedias, se genera un impacto emocional que permanece en nosotros hasta que logre curarse.

No existe manera correcta o incorrecta de lidiar con nuestros sentimientos, pero sí hay herramientas que nos pueden ayudar para este fin. Avanza por estos tres pasos para respetar, enfrentar y curar el miedo y el dolor.

Paso 1: Sé honesto sobre tu miedo. Es sano admitir que tienes miedo. Cuando reconoces honestamente tu miedo, liberas la tensión que se acumuló al aferrarse a este. Habla de ese miedo con algún ser querido, escribe sobre ello en un diario o comparte tu experiencia con un terapeuta o grupo de apoyo. Admitir abiertamente tu miedo es un paso fundamental hacia el proceso curativo.

Paso 2: Trabaja tus sentimientos mediante la respiración. El siguiente paso es identificar en qué parte del cuerpo cargas el miedo. Quizá lo guardes en tu garganta, en tus hombros, tu pecho o tu estómago. Siéntate un momento tranquilamente e intenta sentir donde se guarda el miedo en tu cuerpo. ¿Qué parte se siente tensa, dura o nudosa? Respira profundamente dirigiendo tu atención a ese punto. Continúa respirando sobre esa tensión y en la exhalación, libérala. Sigue con este ciclo de respiración hasta que sientas que la tensión desaparece. La respiración es la mejor herramienta para eliminar el miedo de tu cuerpo.

Paso 3: Sé más bondadoso. El paso final te ayudará más de lo que crees. La bondad es el poder más grande que tienes para curar al mundo. Entre más gente demuestre bondad y compasión, menos destrucción, terror y ataques habrá. De ahora en adelante, sé más bondadoso con todas las personas en tu vida, incluso con los extraños.

Si te sientes indefenso, descubre tu poder ahora mismo. Honra tus sentimientos, respira para liberar la tensión y ejercita tu mayor virtud: la bondad. Tu verdadero poder yace en tu capacidad de amar.

MENSAJE MILAGROSO #41:
CUANDO RESPETO MIS SENTIMIENTOS,
ENCUENTRO MI PODER EN SITUACIONES ANTE
LAS QUE SOMOS IMPOTENTES.
#MILAGROSAHORA

#42: Respeta tu dinero y tu dinero te respetará

Una querida amiga mía es una emprendedora que frecuentemente se quejaba de sentirse bloqueada financieramente. Un día que se estaba quejando de las cuentas por pagar, sacó su cartera para pagar algo. Yo suspiré cuando eché un vistazo. Ella traía de cartera una bolsita harapienta atiborrada de tarjetas de crédito, monedas, recibos hechos bola, tubo de labios y quién sabe qué más. Mi respuesta inmediata fue: "¡Si quieres arreglar tus finanzas, debes limpiar primero tu cartera!".

Un día después me envió una imagen de su nueva y brillante cartera roja. Cada sección estaba perfectamente organizada y ella podía encontrar fácilmente su dinero. En las siguientes dos semanas su negocio había revivido, y estaba cerrando las transacciones que habían estado detenidas durante meses. Yo creo que se debió a la cartera roja. Una vez que puso orden en su dinero, desobstruyó bloqueos subconscientes y pudo moverse libremente y con facilidad en todas las situaciones relacionadas con las finanzas y los negocios.

¿Te sientes bloqueado financieramente? ¿Te sucede con demasiada frecuencia que tus negociaciones fracasan, que el trabajo no funciona o que no tienes suficiente dinero? En muchas ocasiones, un bloqueo financiero tiene origen en un bloqueo energético. Recuerda: la energía está en todo, incluso en tu cartera. Por el bien de tus finanzas y tu economía, limpia tu cartera para despejar tu conexión energética con la capacidad de recibir.

Si tu cartera esta desgastada y atiborrada de cosas, compra una nueva que sea hermosa y en la que quepa todo lo que necesitas traer. La *blogger* de la autoestima, Gala Darling, dice que "tu cartera es el reflejo de lo que piensas del dinero. Así que revisa si tu cartera está rota o rasgada. ¿Has usado la misma durante veinte años? Empieza de cero". Una cartera no es un simple accesorio; es donde guardas tu dinero, ¡así que asegúrate de que te encante! No tengas miedo en invertir en una que te haga sentir bien.

Cuando escojas una nueva cartera, pon atención en el color. En la tradición del *feng shui,* ciertos colores favorecen la abundancia, tales como el dorado, rojo y verde. Date chance de comprar una en un tono radiante.

La experta en *feng shui,* Kate MacKinnon afirma que: "Como todo en *feng shui,* el mejor modo de hacer espacio es limpiar el desorden. Así que asegúrate de que tu cartera esté libre de desorden (papeles, recibos, etcétera)".

Tu nueva y radiante cartera te apoyará energéticamente, y también estará decretando al universo que estás listo para recibir. Respeta tu dinero y tu dinero te respetará.

Mensaje milagroso #42:
Respeta tu dinero y tu dinero te respetará.
#MilagrosAhora

#43: Elijo la paz en lugar de esto

A lo largo de mi viaje de crecimiento espiritual, hay un mensaje de *Un curso de milagros* que siempre ha resonado profundamente en mí: "Solo la mente decide lo que podría recibir y dar". Esto me recuerda que en cualquier situación dada tengo la opción de percibir amor o miedo. Mediante la práctica cotidiana de elegir el amor en lugar del miedo, con el tiempo el amor se convirtió en la respuesta involuntaria. Por supuesto, mi ego temeroso se me aparece de vez en cuando; pero gracias a la perseverancia, la voz amorosa ahora es más fuerte.

Vivir una vida milagrosa requiere compromiso. En cada momento tenemos una tarea espiritual divina frente a nosotros: Elegir el amor o el miedo. Por lo tanto, lleva contigo este concepto a lo largo de tu día. En los momentos en que atestigües que estás eligiendo el miedo, el ataque, el juicio y la separación, simplemente di: "Elijo ver paz en lugar de esto". Haz que este se convierta en tu mantra.

Cuando elijes el amor en cualquier forma, estás inconscientemente conectándote con tu Yo superior, pidiendo amor para reinterpretar la situación. Y sí, esta afirmación es fácil de aplicar cuando el asunto a tratar no es tan complicado. Pero cuando te golpeen con una tarea pesada, usa este principio con mayor convicción aun. Confía en su poder y verás resultados que no podrías haber imaginado. *Un curso de milagros* dice que: "Los milagros surgen a partir de la convicción".

Practica este principio en todas las situaciones e intensifica tu compromiso con los milagros. En un instante sentirás cómo te invade la paz.

Mensaje milagroso #43:
Cuando dudes, di:
"Elijo ver paz en lugar de esto".
#MilagrosAhora

#44: Comienza tu día con el pie derecho

Tu rutina de la mañana establece el tono de lo que será tu día entero. Si eres de las personas que se quedan dormidas después de escuchar el despertador, revisa sus correos apenas se levanta, luego enciende la televisión mientras bebe su taza de café, es muy probable que comiences el día estresado. No estoy juzgando, amigos, pero enfrentémoslo; cuando empiezas el día con factores estresantes y estimulantes, te estás preparando para una experiencia caótica y agobiante.

Una de las herramientas clave para vivir una vida que fluye es comenzar el día con el pie derecho, literalmente. Una antigua técnica Kundalini propone que salgas de la cama pisando con tu pie dominante. ¿Cómo puedes saber cuál es tu pie dominante? Solo exhala por cada fosa nasal individualmente y fíjate cuál lado está tapado y cuál no. El lado que se sienta menos tapado es con el que debes levantarte de la cama. Si tu fosa nasal derecha respira fácilmente, sal de la cama con el pie derecho. Ya sé que esto suena tonto, pero hace una diferencia tangible en cómo empiezas el día.

Una vez que te hayas levantado, NO revises tus correos, mensajes de texto o noticias. Mejor comienza con una afirmación positiva. Si hay alguna afirmación que te guste dila en voz alta o pégala en el espejo. Si necesitas guía en esta área, échale un ojo a mi *app* Alarma Spirit Junkie, en Gabbyb.tv/Spirit-Junkie-App. En lugar de despertarte con el molesto sonido de tu alarma, arranca tu día con hermosos tonos y afirmaciones positivas que aparecen en tu pantalla. Un pensamiento positivo al comenzar la mañana te puede sostener durante todo el día. Tu sistema nervioso es muy sensible a los pensamientos; así que es importante que los pensamientos que tengas sean amorosos y estimulantes, pues son los cimientos del resto del día.

Finalmente, antes de salir de casa, fija una intención positiva para el día. Intenta ser bondadoso contigo mismo y con los demás. Intenta estimular positivamente a tus colegas, sé creativo y perdona más. Cuando fijes intenciones positivas al comienzo del día, estarás totalmente conectado.

Usa estas herramientas cada mañana y espera milagros.

MENSAJE MILAGROSO #44:
COMIENZO MI DÍA CON GRATITUD Y AMOR.
#MILAGROSAHORA

#45: Deja que la paz sea tu respuesta

A veces las mejores lecciones y herramientas vienen de las circunstancias más inesperadas. Por ejemplo, yo suelo publicar *selfies* (autorretratos) en Instagram, Twitter y Facebook. Como soy una ávida fanática de las redes sociales disfruto de compartir mi vida e interactuar con los lectores. Sin embargo, cuando uno publica con frecuencia, se expone a los comentarios negativos. Mientras estaba revisando una publicación antigua en Instagram, me di cuenta de que había muchísimos comentarios sobre una foto mía. Los leí al instante y encontré que mucha gente había reaccionado agresivamente a esa imagen, ninguneándome por compartir autorretratos, y juzgándome por llevar una dieta a base de plantas.

Al seguir leyendo, descubrí que un fiel seguidor de Spirit Junkie había respondido con una cita del periodista y crítico Dream Hampton: "Enfrenta el chisme con el silencio". Me encantó el mensaje y sentí que mi corazón se suavizaba. La cita me hizo recordar una de las grandes lecciones de *Un curso de milagros*: "En mi indefensión radica mi seguridad". El Curso nos recuerda que al defendernos de los ataques de los demás estamos invirtiendo en su ataque.

Luchar en contra de un ataque crea más estrés, drama y angustia. No estoy diciendo que no debamos hacer valer nuestros derechos cuando es necesario, pero sugiero que intentes permanecer en silencio frente a este tipo de ataque. Al principio puede ser difícil hacerlo porque la respuesta involuntaria de nuestro ego es devolver la agresión y protegernos. Pero, piensa por un momento sobre cómo te sientes cuando lo haces. Es muy probable que te estreses, te enojes y te desequilibres. Si la paz es tu intención, deja que la paz sea tu respuesta.

La próxima vez que te sientas atacado de alguna forma, usa este milagro veloz para cambiar tu percepción y elegir la paz en lugar del miedo. En un instante puedes solucionar con amor todos los pensamientos de ataque.

MENSAJE MILAGROSO #45:
"ENFRENTA EL CHISME CON EL SILENCIO".
(DREAM HAMPTON)
#MILAGROSAHORA

#46: La medida de tu éxito está en tu capacidad para divertirte

Cada fin de año practico el ritual de escribir mis intenciones para el año que sigue. En los últimos dos años he tenido la intención de medir mi éxito a partir de qué tanto me estoy divirtiendo en la vida. Llegué a esta intención después de vivir en el lado opuesto y haber tocado fondo. Durante un tiempo estuve midiendo mi éxito a partir de mi nivel de estrés, pero luego me entregué a la noción de que el verdadero éxito debe medirse en relación a la felicidad.

Resulta fácil medir nuestro éxito basándonos en la cantidad de dinero que tenemos, en el estatus de nuestras relaciones o en nuestros méritos profesionales. Pero lo que he aprendido es que nada externo a nosotros puede hacernos sentir verdaderamente felices. La felicidad es un trabajo interno. Podemos gozar de los éxitos de la vida, pero debemos centrarnos en el mayor de los éxitos: vivir una vida divertida y satisfactoria.

Es nuestro deber hallar diversión en todo lo que hacemos. Algunas de las personas más felices que conozco tienen la habilidad innata para hallar dicha en las situaciones más desdichadas. Gurmukh, mi maestra de Kundalini que ya he mencionado anteriormente, es un ejemplo fantástico. A los 70 años rebosa la inocencia de una niña pequeña que encuentra gozo en todo y en todos. Su vida está llena de dicha a pesar de sus circunstancias.

Lo que he aprendido de Gurmukh es que su estado dichoso es una elección consciente. Aunque es una yoguini dedicada, todavía tiene que comprometerse con la paz cada día de su vida. Mantener un sentido de dicha es un compromiso de cada instante. La energía del mundo a nuestro alrededor puede sacar del estado de dicha en un segundo. Nuestra labor es mantenernos en el flujo de la alegría.

Para aplicar este principio a tu propia vida, comienza por hacer un compromiso. Pega esta afirmación en tu escritorio, espejo, en el tablero del auto o en cualquier lugar en donde lo puedas ver seguido: *Mido mi éxito según mi capacidad de divertirme con todo lo que hago.* Durante los siguientes 40 días, comienza el día con esta afirmación. Haz el compromiso consciente de elegir la dicha cuando te despiertas. A lo largo del día búscala conscientemente en todo lo que hagas. Prueba tu comida, siente la bendición de la sonrisa de un extraño, sé más curioso sobre lo que te rodea. Establecer este nuevo hábito beneficiará mucho tu estado físico, emocional y espiritual.

Puedes comenzar ahora mismo, encontrando diversión en cada ejercicio de *Milagros ahora.* A veces la gente piensa que el trabajo de crecimiento personal es una lata. En vez de hacerlo difícil, hazlo divertido. Cuando creamos cambios de vida debemos ejercer más que la voluntad, debemos encontrar dicha en nuestra transformación. Practica este principio todo el tiempo y vivirás en la dicha.

Mensaje milagroso #46:
Mido mi éxito según mi capacidad de divertirme con todo lo que hago.
#MilagrosAhora

#47: Tu presencia es tu poder

Nuestra habilidad para lidiar con los factores que nos estresan y adoptar una respuesta positiva al estrés se llama "alostasis". El cuerpo es capaz de restaurar su equilibrio naturalmente, pero cuando los factores estresantes son dominantes, terminan secuestrando el funcionamiento normal de nuestro cuerpo. Cuando nos estresamos en exceso, la respuesta hacia el estrés se vuelve en nuestra contra. A esto se le llama "carga alostática".

Cuando experimentas una carga alostática, es probable que el mundo a tu alrededor refleje tu bajo nivel de energía. Cuando nos domina el estrés, la vida se siente bloqueada. Otras personas pueden sentir nuestra energía en un nivel subconsciente; así que para poder tener relaciones y experiencias fluidas y fuertes, debemos tener herramientas para limpiar nuestro campo energético.

Nosotros somos nuestra presencia, y nuestra presencia es nuestro poder. La fuerza energética que llevamos a todas las situaciones y relaciones es un reflejo directo de lo que recibiremos a cambio. Esa fuerza energética es nuestra presencia. Accede a tu presencia de poder practicando la siguiente meditación, llamada Respiración de Fuego con Garras de León. ¡Sí, garras de león! Este ejercicio corto (o *kriya*) tiene un efecto inmediato en el cerebro y en tu campo electromagnético (presencia de poder). Se sugiere que practiques esta meditación por 9 minutos, pero incluso la práctica de un minuto generará un cambio energético.

A continuación se presenta una explicación de la meditación como la enseñaba Yogui Bhajan. Consulta la imagen de la página 124 para saber cómo practicarla. También puedes visitar Gabbyb.tv/Miracles-Now para verla en video.

Postura: Siéntate en Postura Fácil con una ligera cerradura de cuello, llevando la barbilla hacia abajo, y la lengua presionada hacia el paladar (*jalandhara bandha*).

Mudra: Enrosca y tensa los dedos de cada mano (garras de león). Mantén la tensión en las manos a lo largo del ejercicio. Extiende ambos brazos hacia los lados, paralelos al piso y con las palmas hacia arriba. La presión que se aplica en las manos dispara reflejos en las yemas de los dedos hacia cada área del cerebro. El movimiento de los brazos hace avanzar la linfa por el sistema linfático. También presiona al sistema nervioso para que cambie su estado actual.

Respiración y movimiento: Lleva ambos brazos por encima de la cabeza, de modo que las manos pasen sobre la coronilla. Los codos se doblan y las palmas de las manos miran hacia abajo. Luego lleva las manos de nuevo hacia abajo mientras extiendes los brazos, de nuevo en paralelo al suelo. Comienza a hacer este movimiento de manera rítmica. Alterna las muñecas cuando se pasen cruzadas por encima de la cabeza. Inicia una respiración poderosa junto con el movimiento de los brazos, que debe ser en un ritmo rápido. Inhalas cuando los brazos se extienden, y exhalas cuando los brazos cruzan por encima de la cabeza. La respiración se vuelve rápida y constante. La respiración agregada al movimiento mejora el funcionamiento de la pituitaria y estimula la glándula pineal para aumentar el fulgor y la frecuencia sutil de la proyección del cerebro.

Duración: Continúa por 9 minutos (Nota: Puedes practicarla tan solo un minuto y obtener grandes beneficios).

Para finalizar: Sin romper el ritmo del ejercicio, saca la lengua lo más que puedas hacia abajo. Continúa por 15 segundos más.

Luego inhala, mete la lengua y coloca los brazos a 60 grados, de modo que formen un arco alrededor de la cabeza, con las palmas de las manos viendo hacia abajo, aproximadamente a 15 centímetros de la cabeza. Las manos siguen estando en mudra de garras de león. Sostén la respiración por 15 segundos.

Deja los brazos fijos al mismo tiempo que exhalas e inhalas completamente. De nuevo sostén la respiración por 30 segundos. Relájate y suelta los brazos. Medita en el Centro del Corazón. Sigue el flujo suave de la respiración. Canta una canción inspiradora. Continúa de 3 a 5 minutos.

Practica esta meditación para expandir tu presencia y tu poder interno. El mundo necesita tu verdadera fortaleza, así que no temas dejarla brillar. Si estás sintiendo la carga alostática, usa esta meditación para realinear tu campo energético y así tomar la vida desde un espacio de paz.

MENSAJE MILAGROSO #47:
TU PRESENCIA ES TU PODER.
#MILAGROSAHORA

#48: Resuelve el conflicto interno

Sin importar qué tan bien estén yendo las cosas en tu vida, el ego sigue encontrando maneras de crear conflicto interno. De hecho, he descubierto que entre más feliz estoy, más astuto es mi ego. Todo puede estar caminando fabulosamente en mi vida y luego, en un instante, una descabellada creencia del ego me hace caer y girar fuera de control.

Un curso de milagros nos enseña que: "Nunca estoy disgustado por la razón que creo". Todos los conflictos internos se originan en ilusiones basadas en el miedo que el ego astutamente pone en nuestra psique. Estas ilusiones aparecerán una y otra vez a menos que elijamos ser los dueños de nuestra propia mente.

Yogui Bhajan dijo: "Si dominas tu mente, dominas el universo entero". A través de la meditación Kundalini podemos liberarnos del poderío del ego y soltar nuestro apego a sus creencias de miedo. El compromiso espiritual puede resolver el conflicto interno.

La técnica de hoy es una poderosa meditación Kundalini llamada "Reflejo resolvente de conflicto interno". Esta práctica te ayudará a suavizar tu ego y hacer desaparecer todo sentido de separación. Esta experiencia que abre el corazón te ayudará a tener y conservar la vivencia de la compasión.

MEDITACIÓN REFLEJO RESOLVENTE DE CONFLICTO INTERNO

- Siéntate cómodamente en una silla o con las piernas cruzadas en el suelo.
- Coloca tus palmas en tu pecho, con los pulgares hacia arriba.
- Inhala por la nariz durante 5 segundos.
- Exhala por la nariz durante 5 segundos.
- Sostén la respiración por 15 segundos.
- Continúa este ciclo de respiración durante un minuto (o el tiempo que desees).
- Permite que tu respiración abra tu corazón.

Deja que el mensaje milagroso de hoy te recuerde que puedes elegir liberar el conflicto interno siguiendo tu camino espiritual.

MENSAJE MILAGROSO #48:
MI PRÁCTICA ESPIRITUAL PUEDE RESOLVER CUALQUIER CONFLICTO INTERNO.
#MILAGROSAHORA

#49: Protégete de la mala energía

¿Alguna vez te has sentido agotado después de pasar tiempo con alguien, casi como si esa persona te robara la energía? Si has tenido este tipo de encuentro probablemente te hayas topado con un vampiro energético. Estos individuos, a veces sin darse cuenta, toman tu energía positiva y te dejan una huella energética negativa.

Ya sé que esto suena loco, pero es importante entenderlo. Todos estamos hechos de energía, y mientras fluimos en el campo energético cósmico, ¡podemos fácilmente captar lo que los demás están emitiendo! Eso quiere decir que también es fácil para los demás absorber nuestra buena vibra. Gracias a esta noción puedes aprender a proteger tu energía.

El primer paso es hacer conciencia de quiénes son los vampiros energéticos en tu vida. Fíjate bien en no juzgarlos ni minimizarlos por eso. Recuerda que todos hacemos lo mejor que podemos. La gente que no tiene conciencia energética no es mala, simplemente están tratando de sobrevivir. Así que en lugar de culparla, solo sé consciente de las maneras en que pueden chuparte la energía o dejarte con su carga negativa.

Comienza por hacer una lista de las personas que afectan negativamente tu energía. Para identificar correctamente quién es un vampiro energético, revisa si cumplen con los siguientes atributos:

- ¿Te sientes cansado o débil después de pasar tiempo con esa persona?

- ¿Experimentas una depresión leve o fuerte cuando te alejas de ella?

- ¿Te hace sentir agotada o letárgica?

Si respondes honestamente a estas preguntas, reconocerás rápidamente a los vampiros energéticos en tu vida. Ahora deberás crear límites para proteger tu campo aúrico, que es el campo energético que te rodea. Sin hacer juicios, comienza a usar este principio para ayudarte a ti mismo.

Luego de identificar a los vampiros energéticos en tu vida, haz un compromiso consciente para protegerte a ti mismo ya sea que estés o no físicamente cerca de ellas. Es importante comprender que existen cuerdas energéticas entre las personas, incluso si miles de kilómetros las separan.

¿Recuerdas el ejercicio del baño de luz? Esa misma luz energizante también puede protegerte. Cada vez que pienses en esa persona o entres a su espacio físico, asegúrate de activar tu escudo de luz. Sé que esto puede sonar un tanto alucinante, pero créeme, sí funciona. Tus intenciones crean tu experiencia, así que si intentas protegerte de la negatividad, ya no serás presa fácil de las malas vibras.

Cada vez que te encuentres con alguien que ha dejado una huella energética negativa en ti, di la siguiente oración: "Pido que se elimine, recicle y transmute cualquier energía negativa que haya recogido. Pido recuperar ahora mismo cualquier energía positiva que haya perdido". De la misma manera que creas límites fuertes con tus palabras, puedes crear límites aún más poderosos con tus oraciones.

Practica constantemente estar consciente de cómo te afecta la energía de otras personas. Y no olvides el poder que tu energía tiene en los demás. Pon atención consciente en las huellas que dejas en otros.

MENSAJE MILAGROSO #49:
AL REPARTIR ENERGÍA AMOROSA
ATRAIGO MÁS AMOR.
#MILAGROSAHORA

#50: El amor aflorará de inmediato en cualquier mente que de verdad lo desee

Un curso de milagros enseña que los milagros surgen a partir de la convicción. Nuestra convicción y compromiso con el amor es lo que nos ayuda a continuar brillando de adentro hacia afuera.

Para vivir una vida milagrosa debemos seguir comprometidos con los milagros. Si titubeamos entre permanecer en el miedo o salir de él, es fácil engancharse en las ilusiones que el ego crea sobre el mundo. Cada uno de nosotros tiene áreas específicas de nuestra vida que disparan nuestros miedos. Para algunos es el dinero, para otros el romance o la imagen corporal, y así sucesivamente. Si deseamos conservar nuestra mentalidad milagrosa y vivir de manera tranquila, debemos elegir proactivamente el amor lo más seguido posible.

¿Estás listo para profundizar más en tu compromiso? Nuestro mensaje guía de hoy viene del *Curso*: "El amor aflorará de inmediato en cualquier mente que de verdad lo desee". Ahora que ya has establecido más disciplina en tu práctica espiritual, es momento de hacerte más consciente de cuándo el ego te distrae de los milagros. Usa este mensaje siempre que dudes. Recuérdate proactivamente a ti mismo que "El amor aflorará de inmediato en cualquier mente que de verdad lo desee". Usa esta afirmación todo el tiempo y, en un instante, decide *desear el amor* en lugar del miedo. Tu deseo es tu convicción, y los milagros surgen a partir de ella.

Comprométete cada vez más con los milagros a medida que progresa el día. Permite que cada milagro se vaya sumando al avanzar hacia la segunda parte de este libro. Cada nuevo día trae oportunidades de aprender, de crecer y de fortalecer tu fe en el amor.

MENSAJE MILAGROSO #50:
"EL AMOR AFLORARÁ DE INMEDIATO EN CUALQUIER MENTE QUE DE VERDAD LO DESEE".
(*UN CURSO DE MILAGROS*)
#UCDM #MilagrosAhora

#51: ¡Deja que la gente despotrique si así lo desea!

Seguido escucho el programa de radio de la Dra. Christiane Northrup, y siempre obtengo sabiduría y consejos increíbles. En uno de los programas, una persona que llamó se quejaba de que a su madre le encantaba despotricar sobre lo desdichada que era. La persona continuó diciendo: "Mi madre odia la vida y no cree en la felicidad".

Me dio curiosidad qué contestaría la Dra. Northrup a este comentario. Sin demora respondió: "¡Pues déjala que despotrique!". Continuó explicando que cuando la gente insiste en vivir en el miedo, nuestra labor no es transformarla. En lugar de eso, una poderosa herramienta para lidiar con personas negativas es simplemente dejarlas que sean negativas. La Dra. Northrup sugirió que, cuando una persona quiere quejarse, dejes que lo haga, y que llegues incluso a involucrarte en la negatividad. Puedes decir algo como "Sé lo difícil que es esto para ti. Realmente es terrible". Y así por el estilo. Puede parecer que reforzar su negatividad es contraproducente, pero puede darle un empujoncito hacia una experiencia más útil. Quizá la persona se sienta aliviada por no tener que defender su mala actitud; o puede ser que tenga un momento de claridad en el que realmente vea lo ilusorio de su negatividad. Sin importar el resultado, esta práctica ayudará a la otra persona a experimentar en verdad su negatividad.

Además de ayudar a la otra persona, esta práctica será de gran ayuda para ti también. Cuando luchamos contra la negatividad de los demás, comenzamos a sentirnos negativos. Pero cuando dejamos que la negatividad surja y se vaya, podemos ser observadores en lugar de esponjas que escurren malas vibras. Prueba este ejercicio la próxima vez que estés cerca de alguien que quiera despotricar, y disfruta sus benéficos resultados.

MENSAJE MILAGROSO #51:
PERMITIRLES A LOS DEMÁS SER TESTIGOS DE SU COMPORTAMIENTO PUEDE AYUDARLOS A SUPERARLO.
#MILAGROSAHORA

#52: Medita para liberarte de la irracionalidad

¿Alguna vez has estado tan mal emocionalmente que te vuelves irracional? Yo admito que de vez en cuando me puede suceder, por ejemplo, cuando me siento exhausta o frustrada por algún resultado, o cuando no hago mi Sadhana diaria (práctica espiritual). Es fácil girar fuera de control y perderlo con un ser amado (¡hasta con un extraño!).

El problema con ser irracional es que, en el fondo, sabes que tu ser interior totalmente dramático se está asomando. Y aunque tu ego quiere montar una escena, tu ser superior sabe que eres mucho más equilibrado que eso. Así que esto se convierte en una situación en la que perdemos por todos lados; es probable que termines irritando y alejando a los demás, y sintiéndote subconscientemente como un niño petulante. En lugar de que tu ego se quede con lo mejor de ti, practica seguido esta meditación para tranquilizar tu mente, calmar tus nervios y protegerte a ti misma de la irracionalidad.

Esta meditación Kundalini se llama Meditación de la mochila #3. Puedes hacerla en cualquier momento y lugar. Además es fabulosa para eliminar el estrés y ayudarte a mantener una vibra tranquila.

Meditación de la mochila #3

Siéntate cómodamente en el suelo, con las piernas cruzadas en *postura fácil.*

El mudra para esta meditación es diferente para hombres y mujeres. Si eres mujer, coloca tu mano izquierda a nivel de tu oreja y junta tu pulgar y tu dedo anular. Luego, suavemente coloca tu mano derecha sobre la rodilla, juntando las yemas del pulgar y del meñique. Si eres hombre, hazlo al revés usando el mismo mudra (como se muestra en estas imágenes).

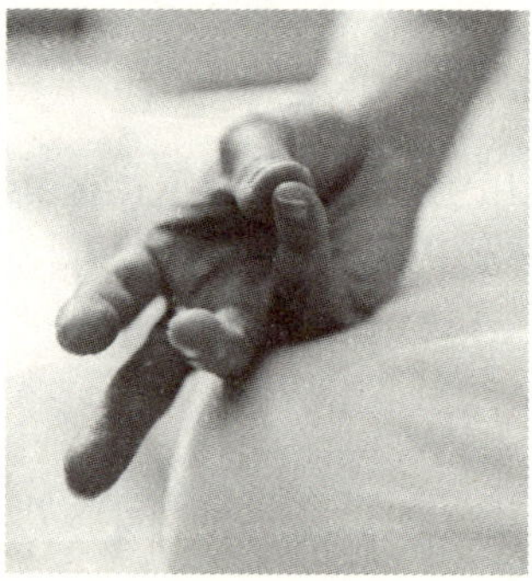

Tus ojos deben estar apenas abiertos, como una ranura o luna creciente. Tu respiración debe ser larga, profunda y relajada. Se sugiere que te sientes haciendo esta meditación de 11 a 31 minutos, como todas las meditaciones en este libro, pero aunque sea un minuto hará una diferencia.

Al final de la meditación, levanta tus manos por encima de tu cabeza y agítalas por varios minutos. Sugiero que pongas la canción "Shake it out", de Florence + the Machine. Te divertirás moviendo el esqueleto y sacudiéndote toda la energía tóxica.

Puedes usar esta meditación cuando estás estancado en un rollo irracional, o bien, practicarla diariamente para mantener una vibra tranquila y equilibrada. Úsala de cualquier forma que desees y disfruta sus resultados calmantes.

MENSAJE MILAGROSO #52:
PUEDO ENCONTRAR PAZ EN CADA RESPIRACIÓN.
#MILAGROSAHORA

#53: Valórate y el mundo te valorará

Mi querida amiga Kate Northrup, autora de *Money, A Love Story*, me ha enseñado mucho acerca de valorarme a mí misma. Kate ha escogido la misión de enseñar a los demás a valorar sus fortalezas para que el mundo les pueda reflejar ese valor de vuelta. Ella nos ha ofrecido esta poderosa herramienta para incrementar el poder de valorarte a ti mismo.

Aquí está el ejercicio, directamente de Kate:

> *Ahora mismo, piensa en tres cosas específicas que valores de ti. Decir "estoy sano" como algo que valoras es genial, pero no agita en ti la misma respuesta emocional que cuando eres realmente específico. Por ejemplo, yo puedo decir "Tengo piernas fuertes y tonificadas que me llevan de un lugar a otro", como algo que valoro de mí misma. Sí, está relacionado con mi salud, pero es más específico e inmediatamente me hace sentir más valiosa que si simplemente dijera "estoy sana".*

Haz de esto un hábito. Cuando comiences o termines el día escribiendo tres cosas específicas que valores de ti mismo (todas deben de ser distintas a las que escribiste el día anterior), crearás un cambio profundo no solo en cómo te sientes acerca de ti mismo, sino en el modo en el que te presentas ante el mundo. Las personas que se valoran a sí mismas están completas emocionalmente y son capaces de dar más valor a los demás.

¿Estás tentado a repetir algo del día anterior? ¡No lo hagas! Te lo prometo, existen razones infinitas por las que eres increíble y verdaderamente valioso, así que encontrar tres nuevas cada día no solo es posible, sino que también será divertido y fácil a medida que lo hagas un hábito.

Toma la sugerencia de Kate y comienza la práctica diaria de reconocer las razones por las que te valoras a ti mismo. Te sorprenderás de la manera en que el mundo responde a tu nuevo sentido de amor propio y respeto por ti mismo. Recuerda que el mundo externo es solo un reflejo de tu condición interna. Así que empoderando tu vida interna, recibes amor poderoso del mundo.

MENSAJE MILAGROSO #53:
"LA GENTE QUE SE VALORA A SÍ MISMA ATRAE GENTE QUE LOS VALORA IGUALMENTE".
(KATE NORTHRUP)
#MILAGROSAHORA

#54: Siempre hay una solución del bien supremo

Me esfuerzo al máximo para permanecer fiel a la creencia de que siempre hay una solución del bien supremo. Es fácil confiar en este concepto cuando está a nuestro favor. Pero cuando el universo te lanza un tiro imprevisto y uno está hundido en el malestar, también es fácil perder la fe. En esos momentos, tendemos a buscar más problemas o personas a las que culpar.

Lo que he llegado a aprender y aceptar es que *siempre hay* una solución del supremo, aunque pueda no estar alineada con lo que yo creo es lo correcto. No obstante, mi labor es permanecer fiel a los milagros y elegir el bien supremo. He descubierto que entre más me comprometo con esta perspectiva, más sencillo se me hace pasar por situaciones incómodas. Por ejemplo, una clienta a la que doy *coaching* batalla mucho con su hermana; los celos y la competencia predominan en su relación. Mi clienta pasó años enteros a la defensiva y llena de enojo. A pesar de que el ego era el que conducía su tren del miedo, se comprometió a tener fe en que había una solución del bien supremo; siguió permitiendo ser guiada. A medida que pasó el tiempo, la insistencia de su hermana seguía inamovible, pero el miedo de mi clienta se debilitaba. Aunque las circunstancias externas no cambiaron, las internas sí lo hicieron. Empezó a ser testigo de su propia reacción más tranquila y mucho menos reactiva ante la situación. Comenzó a abrirse al perdón y hasta soñó estar en paz con su hermana. Cuando pudo dejar la puerta abierta para que llegara la solución espiritual, esta finalmente llegó.

En el caso de mi clienta, la solución no era una ruta clara a tomar, sino más bien una liberación inconsciente del resentimiento y del miedo. Quizá tu situación es distinta y puedas ver la solución como un camino claro que conduce a la paz. Pero la manera en que se presenta la solución no importa. No necesitas preocuparte acerca de la solución que recibes; en lugar de eso, permanece abierto a recibir lo que sea que es del bien supremo. Cuando estás lidiando con una situación difícil, esta afirmación corta te ayudará a mantener la fe: *Siempre hay una solución del bien supremo.* Repítela en silencio o en voz alta cuando te enfrentes a una prueba y podrás dejar la puerta abierta para recibir. Tu apertura es todo lo que necesitas.

MENSAJE MILAGROSO #54:
SIEMPRE HAY UNA SOLUCIÓN DEL BIEN SUPREMO.
#MILAGROSAHORA

#55: Pon a la tensión de cabeza

Una tarde, mi amiga Jenny y yo pasábamos el rato en mi oficina (que también funciona como guarida de yoga zen). De pronto, Jenny se paró de cabeza. Aunque ella es una yoguini entusiasta, famosa por su amor a la práctica del yoga, me tomó un poco por sorpresa. Jenny me explicó que pararse de cabeza le ayuda a cambiar su estado de ánimo. Siempre que se siente bloqueada o estancada, hacer algún tipo de ejercicio de inversión mueve su energía y le ayuda mucho a elevar su estado de conciencia.

Así que en vez de observar cómo revitalizaba su energía, decidí unirme a la acción. Me paré de cabeza contra la pared para apoyar la postura. En un minuto sentí una avalancha energética. Toda mi energía parecía estar literalmente de cabeza y me empecé a sentir más viva.

Ahora las inversiones son parte de mi rutina diaria. Además del parado de cabeza con apoyo en la pared, hago la Postura del Arado. Es bastante fácil llegar a hacer estas posturas cuando necesitas un estímulo. Me parece que la Postura del Arado es mucho más fácil para las personas que apenas comienzan con el yoga. Puedes hacer esta postura en el piso de tu casa, sobre el césped o en cualquier lugar que haya una superficie relativamente suave (Nota: Si tienes algún problema estructural, de la espalda o del cuello, por favor no hagas este ejercicio).

Postura del Arado

Para llegar a la Postura del Arado, recuéstate sobre tu espada y lleva tu columna y tus piernas hasta una posición vertical, siempre apoyando la espalda con ambos brazos y a la altura de los riñones. Tus hombros y codos sostienen el peso del cuerpo (lleva tus piernas lo más vertical que puedas y asegúrate de que tu peso esté sobre tus hombros y no sobre tu cuello). A continuación, dobla tus rodillas y lleva tus pies hacia el suelo. Exhala y empuja tus pies y piernas de nuevo hacia arriba de modo que estés otra vez sobre tus hombros (Postura de la Vela). De ahí, exhala y dobla desde la cadera para llevar lentamente tus piernas por detrás de la cabeza. Mantén tu torso perpendicular al suelo y tus piernas completamente extendidas. Lleva suavemente tus pies hacia el piso y eleva tus muslos y coxis hacia el techo. Mete tu barbilla, alejada del esternón y suaviza tu garganta.

Para mejorar la postura, puedes presionar tus manos contra la espalda baja, a la altura de los riñones, mientras jalas tu espalda hacia atrás y hacia arriba. Puedes usar tus manos sobre la espalda para apoyarte o soltar los brazos y estirarlos por atrás sobre el suelo.

Para salir de la postura, con tus manos sobre la espalda a la altura de los riñones, regresa las piernas y levántalas de nuevo a la Postura de la Vela, y de ahí ve bajando piernas y espalda lentamente, exhalando hasta llegar hasta el piso.

Quédate en posturas de inversión por un minuto o más y recibe sus enormes beneficios. Esta sencilla práctica puede poner de cabeza tu mal humor, estrés y confusión mental, y recargar tu energía. Las inversiones aumentan el flujo sanguíneo y mejoran la concentración, la memoria y la capacidad de estar alerta.

Este tipo de posturas también mejoran la digestión y la eliminación; muchos yoguis sugieren hacer inversiones para curar el estreñimiento. Otro beneficio de salud de las inversiones es que promueven el drenaje linfático y la purificación de la sangre. El sistema linfático elimina las toxinas de los tejidos y apoya la respuesta inmune del cuerpo. La razón para sentirte rejuvenecido después de hacer una inversión es porque la postura desintoxica.

Más aún, las inversiones levantan el ánimo y alivian la depresión. Cuando aumenta la circulación sanguínea y se envía oxígeno al cerebro, se liberan neurotransmisores y endorfinas, al mismo tiempo que se equilibran las hormonas.

Pon a tus bloqueos de cabeza haciendo una inversión por un minuto (o más) al día.

MENSAJE MILAGROSO #55:
UNA INVERSIÓN AL DÍA
MANTIENE EL ESTRÉS A RAYA.
#MILAGROSAHORA

#56: Da más de lo que deseas recibir

A veces lo que más deseamos es algo que no estamos dando. Quizá estés buscando más amor, pero has estado viviendo sintiéndote indigno de merecer amor. O posiblemente quieras recibir más dinero, pero te ha dado miedo donar a la caridad o compartir con amigos necesitados. Cuando retienes algo, cortas un importante intercambio de energía. La verdad simple es que lo que das energéticamente lo recibirás de vuelta. Cuando centras tu atención en lo que estás dando, entonces la energía que emanas es amorosa y gozosa. Esa energía gozosa que emanas es lo que atrae más cosas hacia ti.

Dar más de lo que deseas no significa que tienes que dar solamente de manera tangible. Simplemente con dar cierta energía atraerá hacia tu vida más de esa misma energía. Por ejemplo, si sientes que tienes abundancia (sin considerar tu situación financiera), atraerás más abundancia. O si sientes amor y romance (aunque seas soltero), atraerás más amor y romance a tu vida.

Analiza bien lo que has estado deseando recibir y pregúntate: *¿Esto es algo que no he estado dando?* ¿Deseas una pareja y vas por ahí sintiéndote solo y triste? O, ¿quieres un nuevo trabajo, pero le dices a todos que no te lo mereces? Haz un inventario honesto; te darás cuenta de cómo tu energía y tus acciones se han estado reflejando de vuelta en tu vida. Sé valiente, pero amable contigo mismo.

Una vez que tengas claro lo que has estado reteniendo, habrá llegado el momento de darlo. Da el amor que has estado negando, perdona a la persona con la que estás resentido, pon atención a la salud que has estado ignorando. Da lo que deseas recibir y siente cómo cambia tu energía. Dar y emanar más positividad en cualquier área de tu vida abrirá de golpe las puertas de la felicidad y así recibirás lo que buscas.

Un curso de milagros enseña que: "Los milagros son recursos de enseñanza para demostrar que dar es tan bienaventurado como recibir. Aumentan la fortaleza del que da y simultáneamente le dan fortaleza al que recibe". Da sabiendo que la paz se te concederá cada vez que brindes paz a otras personas.

MENSAJE MILAGROSO #56:
DA MÁS DE LO QUE DESEAS RECIBIR.
#MILAGROSAHORA

#57: Renuncia a todo

La mayoría de mis chifladas obsesiones son por cosas insignificantes, tales como si debo cambiar un vuelo o reagendar una cita. ¡Me puedo volver loca dándole vueltas a esos asuntos! Pero cuando algo grande está sucediendo en mi vida, una oportunidad laboral o un asunto familiar, nunca dejo de hincarme y renunciar al control. Me resulta más sencillo tener fe en los grandes asuntos más que con los temas sin importancia.

Una de las razones que explica esta reacción es que nuestra mente lógica seguido considera que puede controlar los asuntos insignificantes. Sentimos consuelo en la idea de la voluntad y responsabilidad, pero ese consuelo pronto se convierte en frustración cuando nos damos cuenta de que no tenemos ese control que anhelamos. He llegado a aprender que no puedo aferrarme a nada, en especial a lo que no tiene importancia. Renunciar es fundamental para mi felicidad.

Quizá estés pensando: "Sí, bueno, eso suena genial, pero ¿cómo diablos puedo renunciar a todo?".

¡No te agobies: Esa es la reacción que espero escuchar! El ego quiere aferrarse a todo, así que el concepto de soltar probablemente te saque de onda. Pero el objetivo de este principio es simplemente *estar dispuesto* a renunciar a todo.

Aquí va un ejemplo de lo que me sucede cuando trato de controlar mi vida y termino renunciando a hacerlo. Me vuelve loca tomar decisiones y cambiar vuelos. Mi ego se apasiona inventando razones para que yo enloquezca, lo que hace que mi presión y mis hormonas del estrés se vayan hasta el cielo. Paso un día entero sintiendo pánico por una decisión que podría tomar muy fácilmente si estuviera en un estado de mayor paz. Luego de horas de estresarme y obsesionarme, me hinco y rezo. En el instante que rezo siento alivio; aunque sea pasajero, es suficiente. La simple oración me abre la puerta para que yo reciba información nueva y guía. Es probable que en pocos minutos me llegue por intuición que tengo que llamar a un amigo que me pueda ayudar, o a veces algún amigo me llama antes de que tome el teléfono. *Un curso de milagros* dice que: "El secreto de la verdadera oración es olvidarte de las cosas que crees necesitar". Una vez que renunciamos por completo a nuestros planes, permitimos que llegue la guía del universo. Una intención positiva y una oración de renuncia pueden reorganizar cualquier situación para que se dirija a un resultado del bien supremo.

Aunque me acuerdo de rezar, a veces lo hago luego de pasar horas o incluso días de ansiedad. La mayoría llegamos a un punto de renuncia en algún momento, pero ¿por qué esperar horas, días o semanas para hacerlo? Podemos renunciar *todo el tiempo* con una simple oración. Cuando nos damos ese tiempo para renunciar a nuestra voluntad, invitamos a que una presencia mayor que nosotros se encargue de todo. Yogui Bhajan dijo: "Cuando plegamos las manos en oración, Dios abre sus brazos y nos abraza". Este mensaje lo dice todo. Cuando dudes, pliega tus manos y reza.

Aunque parece que la oración es una actividad pasiva, en realidad es muy activa. Cuando rezamos estamos fijando conscientemente la intención de ver las cosas de manera distinta. Eso es un milagro. Nuestro compromiso consciente para ceder el control cambia nuestra energía y nos pone en un estado de paz en el que podemos recibir nueva información, y así es como somos guiados. Solamente podemos experimentar esta guía si pedimos por ella.

La práctica de la oración se enfatiza a lo largo de este libro. Para muchas personas que se inician en un camino espiritual, la oración puede parecer algo extraño. Para tener una práctica de oración no se necesita hincarse y recitar un texto religioso. Lo único que tienes que hacer es "olvidarte de lo que crees necesitar" y renunciar. Reza siempre que estés indeciso, muy obsesionado por algo o atrapado en una espiral de miedo. Intenta no rezar para obtener un resultado específico, en lugar de eso, reza para tener paz. Tener acceso a un estado mental pacífico es todo lo que realmente necesitamos.

Mensaje milagroso #57:
Renuncio a todo.
#MilagrosAhora

#58: Golpetea sobre el dolor

Aquí volvemos a hablar del *tapping*, pero esta vez daremos golpecitos sobre el dolor. Todos nos vemos afectados por el dolor físico en algún momento y de diferentes maneras. El *tapping* puede ayudarte a eliminar dolores de cuello por estar encorvado frente a la computadora, cólicos de síndrome premenstrual o dolor crónico por una lesión.

Hay ocasiones en que nuestra obsesión con el dolor físico tiene origen en una emoción. Nuestras emociones disparan cambios en el delicado equilibrio de hormonas y neurotransmisores de nuestro cuerpo. Las emociones positivas apoyan nuestra salud, mientras que las negativas estimulan hormonas del estrés como la adrenalina y el cortisol. Además, las emociones negativas contribuyen en gran medida al dolor. Por lo tanto, golpetear sobre el dolor te permite liberar el apego emocional que tienes con este, aliviando así el malestar físico. Si esto te suena muy poderoso, ¡es porque en realidad así es!

Comencemos el proceso identificando tu Problema Más Apremiante (PMA) relacionado con tu dolor. Quizá tu PMA sea algo como: “No puedo hacer nada todo el día debido al dolor de espalda que tengo”; o tal vez: “El dolor de cabeza me distrae de la vida”. Una vez que identifiques tu PMA califícalo del 1 al 10 (10 siendo lo más difícil). Ya calificado, podemos empezar con el *tapping*. Sigue el texto a continuación y repite cada frase en voz alta, al mismo tiempo que golpeteas sobre los distintos meridianos que se especifican. Solo sígueme y espera milagros.

Comienza golpeteando en el punto del golpe de karate, como se muestra en la página 70. Golpetea suavemente en cada punto aproximadamente siete veces. Al golpetear, repite la siguiente frase o tu PMA tres veces: *Aunque es una batalla vivir con este dolor, me amo y me acepto a mí mismo profunda y completamente.* También puedes seguir la guía de este video: Gabbyb.tv/Miracles-Now.

Golpe de karate: *Aunque es una batalla vivir con este dolor, me acepto a mí mismo profunda y completamente.*

Golpe de karate: *Aunque es una batalla vivir con este dolor, me acepto a mí mismo profunda y completamente.*

Golpe de karate: *Aunque es una batalla vivir con este dolor, me acepto a mí mismo profunda y completamente.*

Comienza en el punto de la ceja y golpetea en sentido descendente sobre los puntos del rostro y la axila, y luego hacia la parte superior de la cabeza. Comienza de nuevo por el punto de la ceja. Golpetea una afirmación sobre cada punto de *tapping.*

Ceja: *Es mucho dolor.*

Al lado del ojo: *¡Ya no puedo vivir más con este dolor!*

Debajo del ojo: *Es mucho dolor en mi cuerpo.*

Debajo de la nariz: *Estoy tan incómodo.*

Barbilla: *No me gusta.*

Clavícula: *No puedo avanzar en mi vida.*

Debajo del brazo: *No soporto sentir dolor.*

Parte superior de la cabeza: *Este dolor está perturbando mi vida.*

Ceja: *Me impide estar en paz.*

Al lado del ojo: *Me impide vivir mi vida.*

Debajo del ojo: *Quizá este dolor está tratando de enseñarme algo.*

Debajo de la nariz: *Me gustaría estar abierto a recibir esa información.*

Barbilla: *Estoy dispuesto a aprender de este dolor.*

Clavícula: *Quizá haya algo que necesito atender.*

Debajo del brazo: *Quizá haya un sentimiento que no estoy expresando.*

Parte superior de la cabeza: *Otro dolor que estoy evitando.*

Ceja: *O que me está distrayendo de un dolor mayor.*

Al lado del ojo: *¿Qué pasaría si tan solo pudiera sentir ese dolor y luego soltarlo?*

Debajo del ojo: *Estoy abierto a sentir las emociones que me bloquean.*

Debajo de la nariz: *¿Qué tal si me pudiera relajar ahora?*

Barbilla: *Parte de este dolor puede venir del estrés y la tensión.*

Clavícula: *¿Qué tal si estuviera listo para soltar todo esto?*

Debajo del brazo: *Doy permiso a mi cuerpo y a mi mente de soltar este dolor.*

Parte superior de la cabeza: *Suéltalo.*

Ceja: *Me permito a mí mismo relajarme.*

Al lado del ojo: *Libero mi apego a este dolor.*

Debajo del ojo: *Estoy listo para soltarlo ahora.*

Debajo de la nariz: *Deseo ser libre y feliz.*

Barbilla: *Elijo sentirme bien.*

Parte superior de la cabeza: *Todo está bien.*

Respira profunda y lentamente.

Ahora revisa tu PMA y fíjate qué calificación le das del 1 al 10; es muy probable que haya descendido, ya sea drásticamente o solo un poco. Si tu PMA sigue cerca del 10, puedes seguir golpeteando.

Soltar tu apego al dolor físico te ayudará enormemente a tener más fluidez y avanzar con gracia. Aprovecha toda la guía que llega a través del proceso de *tapping*. Es posible que te des cuenta de que tu dolor físico es meramente una manifestación de un dolor emocional muy arraigado, que necesita salir a la superficie para ser curado. Debes estar abierto a la guía que recibas, y confía en el proceso de *tapping*.

MENSAJE MILAGROSO #58:
DEBAJO DE MI DOLOR FÍSICO
HAY UN LLAMADO EMOCIONAL PARA OBTENER AMOR.
#MILAGROSAHORA

#59: Cumple con tus compromisos

La mayor parte de mi adolescencia fui muy egoísta y solo me importaban mis prioridades y actividades. Casi nunca cumplí con mis compromisos. No podía apegarme a un plan o llegar cuando había dicho que lo haría. Debido a este mal comportamiento, arruiné muchas relaciones y me perdí de tener conexiones profundas por no ser una persona de fiar. Cuando dejé las adicciones, opté por compensar mi comportamiento cumpliendo todos mis siguientes compromisos de la mejor manera que pude. Hoy, muchos años después de mi recuperación, valoro enormemente este compromiso y me encanta la sensación de cumplir cuando digo que lo haré.

Existe una sensación inconsciente de culpa cuando no cumplimos nuestros planes o compromisos. Ya sea que te des cuenta o no, probablemente no te gustes mucho a ti mismo cuando dejas plantada a la gente o no le haces caso. Esta culpa puede bloquearte para que profundices en tus relaciones, crees nuevas oportunidades y mejores tu vida. Y la solución no podría ser más directa: Todo lo que tienes que hacer es estar donde dices que vas a estar. Entiendo que a veces hay razones legítimas para cambiar un plan, pero cuando no cumplir se vuelve la regla, llegó la hora de cambiar. Este ejercicio te ayudará a tener claro cómo has estado faltándote al respeto y faltándoselo a los demás cuando no cumples con lo que dices.

Sé honesto contigo mismo sobre qué tanto cumples con tus compromisos. Haz una lista de las formas en las que dejas colgados a los demás, cambias planes o reorganizas las cosas para que te acomoden solo a ti. Luego escribe una lista de cómo este comportamiento afecta a otros. Finalmente, escribe cómo te hace sentir todo esto.

Tómate un momento para mirar de cerca tu comportamiento y explorarlo un poco más. Permítete ver más allá del comportamiento para descubrir qué puede estar generándolo. Por ejemplo, algunas personas no cumplen sus compromisos o llegan tarde porque tienen una necesidad arraigada de tener el control. En otros casos, la gente no valora su compromiso con ella misma y, por lo tanto, esto se refleja en la manera en que tratan a los demás.

Luego de reconocer este comportamiento, analizar de dónde proviene y por qué está sucediendo, puedes dar el siguiente paso. Prueba algo distinto. Haz un plan que sabes vas a cumplir. Considéralo un ejercicio para crear un nuevo patrón. A veces la mejor manera de eliminar un viejo patrón es entender de dónde proviene, y luego conscientemente elegir hacer las cosas de modo distinto.

MENSAJE MILAGROSO #59:
CUMPLE CON TUS COMPROMISOS.
MUESTRA AL MUNDO TU RESPONSABILIDAD.
#MILAGROSAHORA

#60: Celebra tus pequeños triunfos

La mayoría de la gente (incluyéndome a mí) pasa mucho tiempo centrándose en lo que hace mal. Ya sea que nos demos cuenta o no, podemos pasar horas enteras minimizándonos. Este tipo de pensamientos van desde "¿Por qué volviste a hacer eso?" a "No eres lo suficientemente bueno", o bien "¿Quién crees que eres para llegar a ser grandioso?". Es posible que sientas un poco de inseguridad, pero no puedes hallar exactamente de dónde viene o de qué maneras te afecta. O quizá te sientas molesto y no sabes por qué.

Parece que nos hemos acostumbrado a centrarnos en lo negativo, buscando los errores en todas las situaciones. Me di cuenta de este patrón mientras estaba trabajando con una clienta a la que doy *coaching*. En cada sesión ella se flagelaba por todas las cosas que percibía haber hecho mal. Hacía una lista de todos sus errores y despreocupadamente se menospreciaba. Entonces, durante una sesión de *coaching*, le sugerí que comenzara a hablar sobre lo que hacía bien. Confundida, me respondió: "¿Pero, por qué?". Yo le contesté: "Pasas mucho tiempo centrándote en lo que hiciste mal. ¿Qué tal si elijes centrarte en lo que haces bien?". Ella respiró profundamente y se armó de valor para comenzar a hacer una lista de sus logros.

Luego de unos minutos de estar atenta a lo que hacía bien, escuché que su tono de voz y su energía cambiaban. Al redirigir su enfoque hacia lo que estaba bien, toda su actitud cambió.

Aunque este ejercicio parece sencillo, no resulta ser una elección obvia. Nuestro ego nos ha convencido que es seguro centrarnos en lo negativo y que necesitamos quedarnos ahí para ser productivos, avanzar o arreglárnosla como podamos. De hecho, la verdad es exactamente lo opuesto. El momento en que comenzamos a vivir realmente es cuando logramos celebrar y centrarnos en nuestros triunfos. ¡Así que es tiempo de celebrar! Saca tu cuaderno y haz una lista de todas las cosas que te hacen ser maravilloso. No seas tímido. Ni siquiera seas humilde. ¡Presume! Después lleva esta lista contigo todo el día y consúltala cuando dudes. A medida que vayas descubriendo cosas buenas sobre ti mismo, añádelas a la lista. Sigue haciéndola crecer y disfruta el proceso.

Deja que esta se convierta en una práctica involuntaria, para que en un momento dado ya no necesites la lista escrita y solo tomes nota mental de lo grandioso que eres. Este ejercicio se trata de que celebrarte A TI MISMO se convierta en un nuevo hábito. No solamente se sentirá fabuloso centrarte en lo bueno, sino que poco a poco te ayudará a desconectarte de tu apego a lo malo. Que comience la fiesta de TI MISMO.

MENSAJE MILAGROSO #60:
EL MOMENTO EN QUE COMENZAMOS A VIVIR REALMENTE ES CUANDO LOGRAMOS CELEBRAR Y CENTRARNOS EN NUESTROS TRIUNFOS.
#MILAGROSAHORA

#61: Para mantener la paz, sé sincero

Mi amiga Rachel la pasa muy mal si decepciona a los demás. Ella evita el conflicto a toda costa, y hace hasta lo imposible por agradar a los demás. En muchas ocasiones prefiere no decir la verdad sobre lo que necesita, desea y siente para no molestar a otras personas. Este comportamiento siempre la deja sintiéndose agotada, decepcionada e, inconscientemente, resentida consigo misma y con los demás. Lo peor de todo es que cuando Rachel no es sincera, se siente como víctima, pero no puede ver cómo fue que creó esta dinámica en un principio.

Yo he estado en esta situación muchas veces. Cuando no digo lo que pienso o pido lo que deseo con tal de evitar el conflicto, me voy resentida. ¿Te pasa lo mismo que a Rachel? Cuando te enfrentas con el conflicto, ¿haces todo lo que está en tus manos para suavizar las cosas, incluso arriesgando tu propia felicidad? Si es así, es importante que entiendas el patrón que está en juego y que uses este ejercicio para cambiar ese comportamiento. Agradar a la gente para evitar conflictos no te ayuda a ti ni a la otra persona involucrada. Aprende a enfrentar a partir de tu verdad y sé responsable de tus propias necesidades. El conflicto ocurrirá de vez en cuando; esta es la forma de manejarlo con gracia.

Paso 1: Analiza tu parte. Es probable que cuando evitas el conflicto te vayas sintiéndote victimizado de alguna forma. Posiblemente, no te des cuenta de que tu evasión creó la situación difícil. Es fundamental que veas honestamente cómo evitas el conflicto y que te hagas responsable del resultado de la situación. Reconocer tu parte te ayudará a liberar el resentimiento hacia la otra persona, y a prepararte para encargarte de tus asuntos.

Paso 2. Habla de tu verdad. Una vez que te quede totalmente claro cómo evitas el conflicto, será momento de cambiar tu patrón de comportamiento. De inmediato practica decir tu verdad. Por incómodo que se sienta, haz tu mejor esfuerzo para ser directo y honesto sobre lo que necesitas y deseas. Puedes tener cuidado con los sentimientos de la otra persona sin tener que negar los tuyos. Este es un equilibrio delicado entre ser por completo sincero y profundamente amable. Cuando se dice la verdad con gentileza, esta es bien recibida.

Cuando mi amiga Rachel empezó a aplicar estas herramientas a sus relaciones, se dio cuenta de que su amable verdad era realmente bienvenida. La gente apreciaba su honestidad, y como decía su verdad en un tono amable, también recibía una respuesta en ese tono.

Tu verdad es la opción más amable.

MENSAJE MILAGROSO #61:
SI DESEAS MANTENER LA PAZ, SÉ SINCERO.
#MILAGROSAHORA

#62: Tómate un descanso corto para dar gracias

Cuando estamos ocupados o abrumados, es fácil perder de vista lo que realmente importa. Cuando la vida es apresurada, tendemos a centrarnos en la carencia: en lo que no tenemos, lo que no está funcionando, y así por el estilo. Con el tiempo, centrarse en lo negativo puede estresarnos agudamente. Cada vez que me sucede esto llamo a mi amiga Terri Cole, que es psicoterapeuta y *coach* de vida estelar. Terri siempre sabe cómo calmar mi acelere.

Una gran herramienta sugerida por Terri es tomarse un descanso corto para dar gracias. Ella dice lo siguiente:

> *Si te sientes estresado, ansioso o temeroso, ten en tu teléfono o computadora imágenes de hermosos paisajes, seres amados o de cualquier cosa que te inspire. Tómate 60 segundos completos para ver las imágenes y evocar el sentimiento de gratitud y gozo en el centro de tu pecho. Enfócate en inhalar despacio en una cuenta de cinco, y exhalar despacio en una cuenta también de cinco. Regresa al momento presente y da gracias por todo lo que está bien en tu vida en este momento.*

¡Me encanta este ejercicio y funciona siempre! Cuando nos centramos en pensamientos negativos, bajamos nuestra energía y bloqueamos nuestra capacidad para ser felices, saludables y vitales. Pero si nos enfocamos en lo bueno, aumentamos nuestra energía en todas las áreas de nuestra vida. Cuando redirigimos nuestra atención hacia algo tranquilizado y alegre, nos centramos en lo que sí tenemos y no en lo que creemos que nos falta. Podemos recalibrar nuestra energía cambiando el enfoque hacia algo que nos haga sentir bien.

Esta herramienta puede usarse en cualquier momento y lugar. Guarda una imagen en tu cartera que te ayude a encender el sentimiento de la alegría. Cada vez que te caches yéndote a Ciudad Histeria, solo abre tu cartera y saca la imagen para inspirarte. Tómate un minuto para sentir plenamente el sentimiento que se apodera de ti cuando ves esta imagen. Entre más practiques este principio, más empoderada te sentirás. La capacidad para cambiar nuestro punto de vista es una de nuestras mejores herramientas para alcanzar la paz.

MENSAJE MILAGROSO #62:
LA CAPACIDAD PARA CAMBIAR NUESTRO PUNTO DE VISTA ES UNA DE NUESTRAS MEJORES HERRAMIENTAS PARA ALCANZAR LA PAZ.
#MilagrosAhora

#63: A veces un "no" es la respuesta más amorosa

Durante muchos años fui una SÍ-ista. Acostumbraba a decir "sí" a todos, extralimitándome al punto del agotamiento emocional. Decir "sí" todo el tiempo generó mucho disgusto en mis relaciones de pareja, en el trabajo y con mis amistades.

En retrospectiva, puedo ver que este comportamiento surgió de un deseo muy arraigado de caer bien y ser aceptada. En lo profundo de mi ser yo pensaba que decir "sí" significaba que iba a hacer amigos y parecer buena onda y relajada.

Con el tiempo, me di cuenta de que un "sí" no siempre era la respuesta más amorosa. Aprendí que decir "no" a lo que no quería hacer o a lo que realmente no me podía comprometer siempre resultó ser la mejor decisión. En su momento, "no" se convirtió en una parte importante de mi vocabulario. Como resultado de decirlo más seguido, me encontré con más tiempo para centrarme en mí y pude cumplir con los compromisos que había hecho. La palabra "no" me salvó de un montón de colapsos emocionales.

¿Eres tú un SÍ-ista? Si es así, es muy probable que te sientas agobiado por todo lo que has aceptado hacer. Una de las mejores maneras de ser productivo, sentirse realizado y menos estresado es dejar de decir "sí" a todo y tener más criterio a la hora de hacer compromisos.

Algunas personas se sienten incómodas diciendo "no". Si ese es tu caso, comienza diciendo esta afirmación a lo largo del día: "Es seguro decir "no". Cuando lo digo me estoy cuidando a mí mismo y a los demás". Esta afirmación puede guiarte lejos del impulso subyacente a decir "sí" aun cuando sabes que está mal.

Al hacer de la palabra "no" una parte relevante de tu vocabulario, sentirás que te llenas de paz. Aunque te resulte raro al principio, aprenderás a amar la libertad que obtendrás de proteger tu tiempo y energía. Y más importante aún es que te sentirás mejor contigo mismo porque cumplirás con los compromisos que sí hagas.

MENSAJE MILAGROSO #63:
A VECES UN "NO"
ES LA RESPUESTA MÁS AMOROSA.
#MILAGROSAHORA

#64: La quietud es la clave del éxito

Hasta los 25 años aprendí la bendición de la quietud. Para eso, tuve que tocar fondo emocional, espiritual y físicamente. Supongo que no es relevante cómo llegué ahí. Lo único que importa es que finalmente estaba en calma. A través de la meditación, la oración y mi compromiso con la conciencia interna, logré darme cuenta de que mis mayores logros vendrían de la quietud. Ahí es cuando realmente comencé a vivir.

Cuando aquietamos nuestra mente y nuestro cuerpo, podemos realmente conectar con nuestro espíritu. Y una vez que establecemos una conexión espiritual, es nuestro deber seguir la guía que recibimos. Calmarse y escuchar es la clave para vivir una vida guiada. En la quietud podemos escuchar, y luego es nuestro deber tomar una Dirección Buena y Ordenada —adecuar nuestra voluntad a la voluntad de Dios— según nuestro propio criterio.

Alguna vez escuché decir al gran emprendedor y yogui Russell Simmons: "Solía creer que la ansiedad y el insomnio me llevaron al éxito, pero en realidad fue la quietud la que me permitió ser bueno en algo. Cuando alargas los segundos de quietud es cuando eres capaz de pensar y aprender". Russell le dio al clavo. Vivir una vida guiada se trata de alargar los segundos de quietud. Al ir agregando los momentos de calma comenzamos a sentir que la vida fluye. Lo que necesitamos viene directamente a nosotros, las lecciones de la vida dejan de ser tan difíciles y tenemos una mayor conciencia de nuestro propósito y de nuestra conexión con el mundo. En la quietud es donde esto se encuentra.

Hasta este punto del libro has recibido muchas herramientas para lograr tener quietud y paz. Revísate ahora mismo y pregúntate: "¿Estoy usando mis herramientas?". Si la respuesta es sí, toma nota de cómo estas herramientas han traído quietud y fluidez a tu vida. Si la respuesta es no, pregúntate a qué te estarás resistiendo. Estamos más allá de la mitad de este proceso y es momento de una revisión de tu compromiso. Sé honesto sobre tu práctica y recuerda que nunca es tarde para comprometerte de nuevo.

Deja que este principio sea un ejercicio para cambiar tu enfoque de un "ahí afuera" a "aquí dentro". Todas las veces que te caches subiendo de nuevo a la rueda de la ansiedad, el estrés y el control, di: "La quietud es la clave de mi éxito".

MENSAJE MILAGROSO #64:
LA QUIETUD ES LA CLAVE DEL ÉXITO.
#MILAGROSAHORA

#65: Medita para prevenir desquiciarte

¿Eres del tipo de personas que necesitan derrumbarse antes de abrirse camino? Durante muchos años ese fue mi caso. Antes de practicar las meditaciones Kundalini y tener una mayor conexión con mi energía, a veces perdía los estribos de manera colosal. Aunque tenía muchas herramientas para manejar mis pensamientos, no contaba con una buena guía para atravesar las malas rachas y poder salvarme del caos emocional.

Una de las mejores formas de prevenir el estallido emocional es cambiar tu energía a través de tu respiración. Cada 90 a 120 respiraciones cambia la dominancia de una fosa nasal a la otra. Una manera poderosa de modificar tu estado mental es cambiar activamente la fosa nasal dominante cuando estés perdiendo el control emocional, y luego pasar a la otra fosa nasal. Cuando cambias la dominancia de una fosa nasal a la otra, modificas también la dominancia de un hemisferio cerebral al otro, lo que te permite ver las cosas desde otra perspectiva.

Si estás molesto, enojado o en un estado emocional desagradable, practica esta meditación. En unos cuantos minutos serás otra persona.

MEDITACIÓN PARA PREVENIR ESTALLAR EMOCIONALMENTE

Postura: Siéntate cómodamente en Postura Fácil con la columna recta.

Manos: Entrelaza tus dedos con el pulgar derecho hasta encima. Coloca tus manos al centro del diafragma, ligeramente tocando tu cuerpo (Como se muestra en la imagen).

Ojos: Cierra tus ojos lentamente.

Respiración: Concéntrate en tu respiración, trayendo la atención a la punta de cada fosa nasal. Fíjate qué fosa nasal es dominante en este momento. Puede ser que te lleve algunos minutos aclarar cuál es la dominante. Una vez que sepas cuál fosa nasal es dominante, centra tu atención en cambiar de lados. Mantén tus hombros hacia abajo, relajados. Puedes ejercer presión en las manos, pero no en los hombros.

Continúa cambiando la respiración de la fosa dominante de un lado al otro por el tiempo que desees.

Usa esta meditación siempre que quieras prevenir estallar emocionalmente. También es fantástica para enseñarla a los niños. Esta fácil práctica será una gran herramienta que podrán seguir usando en el futuro.

Mensaje milagroso #65:
En medio de un colapso emocional, respira para atravesar el malestar y saldrás de él.
#MilagrosAhora

#66: Comprende a través de la compasión o malinterpretarás los tiempos

El título de este principio es uno de los Cinco Sutras de Yogui Bhajan para la Era de Acuario. Es fácil sentir compasión cuando vemos sufrir a los demás. ¿Pero qué tal sentir compasión por la gente que nos ha hecho algún mal?

Esa es una tarea difícil. No es sencillo sentir compasión por alguien que te ha tratado mal, abusado de ti o te ha atacado de alguna forma. En algunos casos parece imposible sentir compasión. Por lo general, cuando alguien nos trata mal, este sentimiento es lo último que pasa por nuestra mente. Pero, por el bien de tu felicidad y la sanidad del mundo todos debemos aprender a apoyarnos en la compasión en estos tiempos caóticos.

Para mí es muy fácil sentir compasión por la gente que está en apuros. Mi corazón se abre totalmente para los necesitados. Pero, en el momento en que alguien me hace daño, me es muy difícil activar mis músculos de la compasión para alejar la negatividad y recuperar la paz. En situaciones así quiero atacar de vuelta para "protegerme" de sentirme lastimada. Sin embargo, cuando siento ganas de vengarme de algún modo, rezo pidiendo compasión y recurro a esta oración de *Un curso de milagros*: "Puedo sustituir mis sentimientos de depresión, ansiedad o preocupación por paz". Este amable recordatorio nos abre la puerta a la compasión. No olvides: La compasión no es algo que creamos, es algo que experimentamos.

Cuando abrimos nuestros corazones y entregamos nuestros resentimientos, llega la verdadera compasión.

Siento que Yogui Bhajan nos estaba guiando para usar la compasión como nuestro mejor recurso para vivir en estos tiempos basados en el miedo. Él tenía esperanza en que pudiéramos vernos a nosotros mismos en la otra persona y permitir que la compasión fuera la energía con la cual navegar por nuestras relaciones y acciones. Cuando más personas guíen desde un lugar de compasión, no habrá más lugar para la guerra, el odio y el ataque. Entonces habrá paz.

Mensaje milagroso #66:
"Comprende a través de la compasión o malinterpretarás los tiempos".
(Yogui Bhajan)
#YoguiBhajan #MilagrosAhora

#67: Promueve lo que amas en vez de condenar lo que odias

Una tarde estaba revisando las noticias de mi Twitter y puse atención en una publicación fabulosa de mi amigo Jordan Bach, un conocido *blogger* y defensor de la comunidad gay. Su publicación decía: "Promueve lo que amas en vez de condenar lo que odias". Inmediatamente la retuitée. Como muchas otras personas, Jordan, ha sido víctima de ataques y ridiculizaciones por la red. Él ha dedicado su vida y su carrera a difundir mensajes de empoderamiento a la comunidad gay. A pesar de que sus intenciones como *blogger* están respaldadas por el amor, sigue siendo ridiculizado en la red. Esto es muy doloroso y triste, aunque no lo ha detenido de seguir difundiendo su mensaje.

Creo que la mejor forma de combatir el ataque y la negatividad es dando más amor. En lugar de ser la víctima del ridículo, elige ser un faro luminoso. Gandhi se describía a sí mismo como un "soldado espiritual, un soldado de la paz". ¿Por qué no podemos tener acceso a nuestro Gandhi interno cuando enfrentamos conflictos? Hay tanta negatividad en el mundo actualmente y, para poder equilibrar la energía, debemos conectar con ese Gandhi interno y elegir ser un soldado de la paz.

Hazte responsable del impacto que tu energía y tus intenciones tienen en el mundo. Si eres de los que juzgan de inmediato, dejan mensajes groseros en la red o de los que hacen hasta la imposible para minimizar a los demás, entonces es hora de revisar bien de qué manera tu energía contribuye al mundo. Tienes el poder de elevarte a ti mismo y a los demás si es que elijes hacerlo. Escoge sabiamente.

Deja que el mensaje de Jordan se convierta en nuestro himno. Imagina qué sucedería si todos promoviéramos lo que amamos en vez de condenar lo que odiamos. El mundo sería un lugar feliz y divertido.

Haz este compromiso en tu propia vida. Y si lo quieres llevar más allá, comparte el mensaje milagroso en tus redes sociales y comprométete con una nueva forma de ser.

Mensaje milagroso #67:
"Promueve lo que amas
en lugar de condenar lo que odias".
(Jordan Bach)
#MilagrosAhora

#68: Encárgate de los tercos

Hace dos años, a mi amiga Marie le diagnosticaron cáncer metastásico de seno, etapa 4. Desde que recibió el diagnóstico, ella ha optado por hacer integral su asistencia médica, usando formas de tratamiento convencionales y holísticas. Hay muchas personas en su vida que no la han apoyado con esta elección, y eso la ha hecho dudar de su decisión. A pesar de que Marie considera estar en el camino correcto, no puede evitar sentirse afectada por los tercos en su vida.

Todos tenemos algún tipo de tercos alrededor; lidiar con ellos puede ser duro, ya se trate de un familiar que intenta persuadirte de que no sigas la carrera que te apasiona o un amigo que cuestiona tus creencias. Muy seguido compruebo que la gente opone resistencia a la terquedad, pero eso solo empeora las cosas.

Lo más importante para ti en este momento es que creas en lo que estás haciendo. Tu fe apoyará enormemente tus intenciones. A medida que das forma a tu idea, sueño u objetivo, es fundamental que le des un impulso a tu fe. Entre más se fortalezca tu fe en tus propios sueños, habrá cada vez menos tercos que se opongan. Hay unas cuantas formas clave para proteger tu energía y seguir comprometido con tus ideas. A continuación, te detallo tres consejos que te servirán muchísimo cuando otras personas se opongan a tu camino elegido.

Es muy útil alejarse de las conversaciones con los tercos y, cuando sea posible, no hablar de tus planes. Si la gente te pregunta sobre estos, no des detalles. Protege tu energía y tu fe a toda costa.

Hay gran poder en el silencio. Cuando estás incubando tus sueños, intenta que nadie se entere de ellos mientras estás dándoles forma, afinándolos y dándoles vida.

Únicamente compártelos cuando tu fe en ellos sea total. Si tienes algún miedo en relación con tus proyectos, asegúrate de eliminarlo antes de hablar de ellos. De otro modo, otras personas reflejarán tu propia oposición interna. Cuando te sientas energéticamente comprometido con tu decisión, sabrás que es el momento de compartirlos. Cuando crees completamente en lo que estás haciendo, los demás te reflejarán de vuelta esa misma fe.

Mensaje milagroso #68:
Respeta tus sueños
y estos serán respetados.
#MilagrosAhora

#69: Puedes tenerlo todo

Tuve el privilegio de asistir a una conferencia de mujeres patrocinada por Arianna Huffington, en la que estuve rodeada de algunas de las mujeres más exitosas de Estados Unidos. Cada mesa redonda incluía presidentas ejecutivas, famosas presentadoras de noticias, directoras de películas, reporteras, entre otras, y todas ellas también son madres. Cada una de esas mujeres habló abiertamente de la dificultad de equilibrar una carrera exitosa y la vida hogareña. Todas estaban logrando salir adelante, pero al igual que cualquier otra persona que tiene una vida ocupada, ellas también estaban estresadas.

Además de un debate muy honesto acerca del estrés, cada panelista compartió información tremendamente orientadora. Uno de los temas que surgieron de forma repetitiva es la idea de que sí "podemos tenerlo todo", solo que no todo al mismo tiempo. Esta afirmación resonó en mí profundamente. Siempre me he preguntado cómo es posible que una persona maneje ese "todo" exitosamente. ¡Y aquí estaba la respuesta! Este mensaje me dio esperanza. Me ayudó a darme cuenta de que, en distintos momentos de mi vida, podía centrar mi atención en lo que era importante en ese instante, en vez de tratar de ser todo al mismo tiempo.

Si eres de los que se abruman con la idea de que necesitas "tenerlo todo", este principio es para ti. Algunos de ustedes no resonarán con este concepto en un principio. De hecho, muchos lectores opusieron resistencia cuando lo publiqué en mi página de Facebook. ¡Algunas personas dijeron que creían que el universo es abundante y que merecen tenerlo todo, y

AHORA MISMO! Aunque estoy de acuerdo en que el universo es abundante y que conspira para servirnos en todo momento, aún resta mucho qué decir sobre el momento oportuno para que recibamos. Yo creo que el universo siempre está trabajando a nuestro favor, solo que no creo que siempre esté haciéndolo según nuestros tiempos. Es importante que nosotros, como personas que se hallan en un camino espiritual, aceptemos que el universo tiene un plan mucho más importante de lo que pensamos. Así que si se nos guía para que nos centremos en distintas fortalezas en momentos específicos, debemos seguir la corriente en lugar de remar en contra de ella. Cuando fluimos hacia lo que está funcionando en vez de insistir en lo que no, permitimos que el universo nos guíe hacia aquello que sirve nuestro bien supremo.

Mensaje milagroso #69:
Efectivamente puedes tenerlo todo,
pero no al mismo tiempo.
#MilagrosAhora

#70: Busca compañeros corredores espirituales

En mi juventud me sentía incomprendida. Tenía una mamá *hippie* que me llevaba con ella en el camino espiritual; mientras nosotros visitábamos un áshram, mis compañeros de escuela iban al cine. Como puedes imaginarlo, esto era incomprensible para los adolescentes de mi generación. Casi siempre me sentía sola y un poco rara por seguir un camino no tradicional.

Pero a mis veintitantos, cuando me entregué completamente a mi propia práctica espiritual, me di cuenta que no estaba sola en absoluto. Rápidamente atraje un dinámico grupo de compañeros que me acompañaban en la "carrera espiritual", todos ellos siguen siendo mis grandes amigos. Este grupo —que continúa creciendo— está formado por gente que cumple lo que dice, comparte creencias básicas y se apoya entre sí para crecer espiritualmente. Durante la profundización de mi práctica espiritual, estos corredores espirituales han sido mis fieles compañeros tanto en los momentos incómodos de mi crecimiento, como en mis avances. No puedo imaginar la vida sin esta pandilla espiritual.

En mis talleres y conferencias, seguido escucho a las personas decir que se sienten solas en su camino espiritual. Yo les digo que su sensación de aislamiento es una percepción que ellas mismas han elegido. A nuestro ego le encanta convencernos de que estamos separados unos de otros, de que somos especiales y de que estamos solos. Es frecuente que estos amigos digan:

"Nadie me entiende", o bien, "Mis familiares y amigos están en otra frecuencia". Lo que ellos más desean es un compañero corredor espiritual.

Si estás leyendo este libro, es probable que estés en un camino de descubrimientos y que hayas abierto tu corazón y mente a una nueva percepción. Puedes sentirte solitario al embarcarte en este viaje si es que así elijes verlo. "Elección" es la palabra clave. En este momento puedes elegir atraer más amigos que piensen como tú, en lugar de percibir que estás separado del resto. Actualmente, el coro espiritual se ha hecho cada vez más sonoro. Así que el principio a seguir es confiar en que hay una pandilla poderosa para ti también en algún lugar.

Sigue estos tres pasos para que atraigas a un compañero corredor espiritual:

En primer lugar, cambia tu percepción. Si has estado quejándote de que nadie te entiende, entonces no atraerás a alguien que sí lo haga. Cambia la conversación y di que estás listo para conectar con gente que piensa como tú.

Luego, reza para que tus compañeros corredores espirituales sean guiados hacia ti. Confía en que te están esperando también y que tan pronto como hagas espacio para conocerlos, ellos escucharán tu llamado. Ahora mismo puedes decir la siguiente oración: "Doy la bienvenida en mi vida a mis compañeros corredores espirituales".

Finalmente, no temas conectar con otros por la red. Si eres mujer, visita mi sitio de redes sociales y asociación de mujeres digital, HerFuture.com o visita mi página de Facebook. He escuchado con frecuencia que la gente se conoce en *HerFuture* o en mi página y que se vuelven compañeras corredoras espirituales para siempre. Las relaciones por la red pueden ser igualmente fuertes.

Busca tu comunidad espiritual. Abre tu mente, tu espíritu y tu red social para que recibas a tu propio compañero corredor espiritual.

**MENSAJE MILAGROSO #70:
PARA SEGUIR CRECIENDO EN MI CAMINO
DE DESARROLLO ESPIRITUAL,
APELO A MIS COMPAÑEROS CORREDORES ESPIRITUALES.**
#MILAGROSAHORA

#71: Descansa, relájate, recupérate

Millones de personas sufren de insomnio o sueño interrumpido. En algún momento todos hemos experimentado lo que es pasar una noche sin dormir. ¡Cerca del 60 por ciento de la población en Estados Unidos padece falta de sueño!

En la técnica #10 hablamos de que el sueño es una práctica espiritual. En este punto de tu práctica ya sabes que dormir es primordial para tu salud. Cuando no duermes lo suficiente tu cuerpo aumenta los niveles hormonales de estrés y la presión sanguínea, lo que puede llevar a enfermedades cardiacas, obesidad y depresión. En *La respuesta de relajación,* Herbert Benson nos enseñó que si no dejamos que nuestro cuerpo descanse, este no puede curarse a sí mismo naturalmente. La etapa del sueño es cuando el cuerpo puede repararse a sí mismo; cuando no puede hacerlo te sientes enfermo y bloqueado. Tu campo energético se debilita, lo que a su vez disminuye el poder de estar presente. Para alinear de nuevo tu energía, vitalidad y salud, he detallado una poderosa práctica Kundalini que te ayudará a recuperar tus patrones de sueño.

Yoga Nidra, o el yoga del sueño, es una práctica profundamente relajante que rejuvenece el cuerpo y la mente. Está diseñada para equilibrar los sistemas nerviosos simpático y parasimpático, liberar la tensión física, relajar la actividad de las ondas cerebrales y equilibrar los dos hemisferios del cerebro. Al Yoga Nidra también se le conoce como "soñar conscientemente" porque puedes entrar en un espacio de profunda relajación sin quedarte dormido.

Para lograr vivir esta experiencia, sigue mi meditación guiada que te ayudará a estar consciente y presente al mismo tiempo que relajas tu cuerpo. Sé testigo de cómo divaga tu mente y luego, amable y amorosamente, guíala de nuevo a la meditación.

Comienza tu práctica recostado cómodamente sobre la espalda. Puedes cubrirte con una manta si es que sientes frío. Descarga mi meditación Yoga Nidra en Gabbyb.tv/Miracles-Now. Escucha la meditación y esfuérzate por mantenerte despierto mientras relajas todo tu cuerpo. Al estar escuchando mi guía, identifica cada parte del cuerpo y mantente presente durante el ejercicio. También puedes leer las instrucciones a continuación para saber cómo hacerlo o invitar a un amigo a que guíe la meditación. Practica el Yoga Nidra de 1 a 11 minutos.

Recuéstate sobre la espalda, con los brazos extendidos a los costados, las palmas mirando hacia arriba (o lo que te resulte más cómodo).

- Cierra tus ojos.

- Ten una intención clara.

- Respira dos veces profundamente, enfatizando la exhalación.

- Comenzando por tu lado derecho, lleva tu conciencia por todas las partes de tu cuerpo, miembro por miembro, en una sucesión continua.

- Haz conciencia de cada dedo, palma de la mano, dorso de la mano, la mano completa, antebrazo, brazo, articulación del hombro, hombro, cuello, cada sección del rostro (frente, ojos, nariz, barbilla, etc.), oreja, cuero cabelludo, garganta, pecho, lado de las costillas, omóplato, cintura, estómago, abdomen bajo, genitales, nalgas, columna completa, muslo, frente y parte trasera de la rodilla, espinilla, pantorrilla, empeine, talón, planta, cada dedo.

- Sé consciente de tu cuerpo como un todo.

- Repite la rotación por todo el cuerpo una o más veces hasta lograr un nivel adecuado de relajación, siempre terminando con la conciencia de tu cuerpo.

- Sé consciente de todo tu cuerpo y del espacio que lo rodea.

- Siente la quietud y la paz.

- Reafirma tu intención inicial.

- Mentalmente prepárate para regresar a la conciencia ordinaria.

- Para salir de Yoga Nidra, mueve suavemente tus dedos unos momentos, haz una respiración profunda y abre tus ojos.

Practicar Yoga Nidra puede sentirse como una larga siesta, ¡pero sigues despierto! Estás descansado, pero no estás dormido ni soñando. En lugar de eso eres capaz de calmar tu mente y entrar en un espacio feliz.

Usa esta práctica de Yoga Nidra cada vez que sientas que te falta sueño. Cuando estoy en una gira muy ajetreada para promover mis libros o viajando por todo el país, esta práctica me saca adelante.

MENSAJE MILAGROSO #71:
DUERME CONSCIENTEMENTE
PARA RELAJARTE Y RECUPERARTE.
#MILAGROSAHORA

#72: Deja que el universo haga lo suyo

A Becky, una de mis clientas de *coaching,* le encanta controlar cada detalle de su vida. La mayor parte de su ansiedad viene de su necesidad de controlar los resultados. Si está en una cita romántica, se enfoca en lo que sucederá después de la cena. Si alcanza un objetivo, de inmediato cambia su atención a uno nuevo. Este comportamiento le impide experimentar realmente su vida y disfrutar lo que tiene en el momento presente.

Durante una de nuestras sesiones, le sugerí que practicara pasar un día entero entregándose totalmente al momento presente. Mi sugerencia fue que, cada vez que comenzara a futurizar, respirara profundo y dijera: "Dejo ir esto y permito que el universo haga lo suyo". La respiración es un componente clave para hacer que este principio funcione. Una afirmación puede cambiar tu estado de ánimo, pero una respiración puede cambiar tu vida. Al combinar esta afirmación de entrega con una respiración completa y profunda, puedes regresar al momento presente en un instante.

A pesar de que Becky se resistió al ejercicio en un principio, pudo experimentar algunos momentos de paz. Le ayudó a incorporar cada momento (aunque el momento solo durara no más de un segundo o dos). En ese instante pudo dejar ir y liberarse de la necesidad de futurizar. Entre más proactivamente seguía esta práctica, más relajada estaba. Con el tiempo llegó a sentir una conexión más profunda con la energía a su alrededor, y disfrutaba el presente sabiendo que el universo se estaba encargando del futuro.

Futurizar nos bloquea a todos de algún modo. Cuando centramos nuestra atención en lo que va a suceder, nos perdemos de lo que está sucediendo ahora mismo. La próxima vez que te caches enredándote en la futurización, tómate una vacación en el AHORA con tu respiración profunda y esta afirmación: *Dejo ir esto y permito que el universo haga lo suyo*. Pon mucha atención a cómo te sientes después de usar esta afirmación y disfruta la milagrosa guía que recibirás.

MENSAJE MILAGROSO #72:
DEJO IR Y PERMITO
QUE EL UNIVERSO HAGA LO SUYO.
#MILAGROSAHORA

#73: Dale un descanso a tu cerebro

La idea de bajar el ritmo casi siempre es seductora, pero también es difícil de lograr. ¿Por qué? Es muy sencillo, en esta época todo se mueve muy rápido. No me malentiendas, vivir una vida acelerada no es algo malo (y es casi inevitable en grandes ciudades como Nueva York). Pero andar siempre a toda velocidad puede llegar a agobiarnos. No solo hacemos menos cosas, sino que nos sentimos tensos y ansiosos.

Paradójicamente, el secreto para lograr hacer más es simplemente bajar el ritmo. No estoy diciendo que tengas que renunciar al mundo y meditar todo el día. Pero sí te sugiero que hagas espacio para poder acceder a tu poder interno.

Cuando lo hagas, el tiempo parecerá expandirse y lograrás terminar más cosas. Este principio redirigirá tu energía y te ayudará a aumentar la sensación interna de poder para que tu vida externa crezca, se expanda y fluya.

Cuando tenemos muchas cosas en la cabeza, es difícil ser productivos y estar en paz. Mi amigo Michael Eisen me enseñó que una buena manera de aumentar tu energía y hacer más tiempo durante el día es darle descansos frecuentes a tu cerebro: momentos de atención consciente que te permiten aclarar tus pensamientos.

Solo aléjate de la computadora y sal a caminar (y **no** lleves tu teléfono). Estos descansos te permitirán deshacerte de todo para iniciar más fresco cuando vuelvas a tu rutina cotidiana.

MENSAJE MILAGROSO #73:
CUANDO ESTÉS TOTALMENTE ESTRESADO, DALE UN DESCANSO A TU CEREBRO.
#MILAGROSAHORA

#74: ¡Deja de ser tan negativo!

Cada semana envío un videoblog en mi *newsletter* por correo electrónico. En estos videos improviso inspiradamente sobre temas espirituales y ofrezco varios consejos. En una ocasión envié un video llamado "Cómo lidiar con las personas negativas". En cuestión de minutos recibí un correo de una mujer llamada Kimberly. Me decía: "¡Gabby, necesito que hagas un videoblog que se llame CÓMO DEJAR DE SER NEGATIVO! Muchas personas me han dicho que yo soy muy negativa. ¡No quiero seguir siéndolo! ¡¿Qué puedo hacer al respecto?!". La petición de ayuda de Kimberly no solo me inspiró a hacer un videoblog sobre el tema, sino que me dio pie a compartir la solución en este libro. Ser negativo baja tu energía e inhibe una conexión genuina con los demás. Darle un giro a tu actitud de baja vibración requiere compromiso, pero es obligatorio si es que deseas vivir una vida milagrosa.

Kimberly había llegado a un punto en el que ya no quería que se le identificara (otras personas y ella misma) como "la persona negativa". Estaba lista para vivir una nueva historia. La buena noticia para ella es que es posible reescribir la historia en cualquier momento. Nunca es demasiado tarde para dejar la mala actitud y la vibra negativa y comenzar de nuevo.

El proceso de cambiar nuestra actitud es tanto consciente como subconsciente. Conscientemente, debemos reconocer el asunto y renunciar a él. Subconscientemente, debemos permitir que se dé una transformación espiritual. Desde la perspectiva de *Un curso de milagros*, cuando tenemos una percepción errónea (basada en el miedo) de algo, nuestro deber es entregársela al

Espíritu Santo (nuestro guía interno) para que la reinterprete por nosotros. Cuando entregamos nuestras elecciones basadas en el miedo al cuidado de nuestro guía interno, podemos soltar y permitir que el espíritu haga lo suyo. El *Curso* dice: "El amor aflorará de inmediato en cualquier mente que de verdad lo desee". Por lo tanto, al entregar tu negatividad a tu guía interno, estás afirmando que lo que *deseas* es amor.

Cada vez que notes que estás atorado en una historia negativa, reza para salir de ese estado. Comienza orando para recibir una nueva percepción. En esos momentos en que te sientes atrapado en la espiral de la negatividad, invita a tu guía interno para que se encargue y reinterprete tu diálogo interno por ti. Luego cree que tu deseo de ver amor es todo lo que necesitas para iniciar el camino de nuevas percepciones. Es posible que sientas una vibra de amor que te llena. O puede ser que descubras que ese día evitas el conflicto. Cualquiera que sea el resultado, confía en este proceso para sacarte de tu patrón negativo y entrar en una forma de ser por completo nueva.

MENSAJE MILAGROSO #74:
ENTREGA LA MALA ACTITUD Y LA VIBRA NEGATIVA AL CUIDADO DE TU GUÍA INTERNO.
ESPERA MILAGROS.
#MILAGROSAHORA

#75: Desbloquea tu intestino, desbloquea tu vida

Estoy convencida de que el flujo de los intestinos tiene una relación directa con el fluir de nuestras vidas. ¿Lo dudas? Pregúntate si cuando te sientes súper tapado, tu vida también lo está. Si quieres desbloquear todas las áreas de tu vida, ¡tienes que trabajar *en cada una* de ellas!

Es importante reconocer que tu bienestar físico afecta directamente a tu campo energético, y que tu energía entera es tu verdadero poder. Así que vamos a analizar cómo tus evacuaciones pueden ser de ayuda para que tu vida fluya mejor.

Los problemas digestivos generalmente se originan en nuestros pensamientos negativos y en la ansiedad. Cuando estamos ansiosos durante la comida (por la razón que sea) tendemos a masticar la comida rápido y mal, lo que hace más difícil digerirla. Y si nos juzgamos por lo que estamos comiendo, estamos infundiendo negatividad en la comida. Cuando ponemos vibras negativas en nuestra comida, tenemos problemas para digerirla. Nuestro cuerpo se tensa y nos bloqueamos.

Una poderosa herramienta que aprendí de uno de mis amigos de Kundalini es bendecir la comida antes de llevarla a la boca. Mi maestro sugirió que mirara a mi comida y dijera: "Amo mi comida; mi comida me ama a mí". Esta sencilla acción puede cambiar tu placer gastronómico. Experimentarás la riqueza de los sabores, comerás más lenta y deliberadamente, no comerás de más y, más importante aún, digerirás la comida adecuadamente.

Tomarse un momento para bendecir la comida puede transformar por completo tus patrones alimenticios.

Usa este ejercicio para desbloquear tu mente, desbloquear tus intestinos y desbloquear tu vida.

MENSAJE MILAGROSO #75:
AMO MI COMIDA;
MI COMIDA ME AMA A MÍ.
#MILAGROSAHORA

#76: Libera el estrangulamiento energético

En las relaciones cercanas generalmente perdemos la noción de cómo nuestra energía afecta a la otra persona. Esto es cierto cuando nos sentimos muy ligados a la persona. En algunos casos, nuestra abrumadora energía —ese dominio energético inconsciente que tenemos sobre la otra persona— puede arruinar nuestras relaciones o sabotear oportunidades. Las primeras etapas de una relación romántica son en especial susceptibles, ya que quizá no tengamos claro qué siente la otra persona por nosotros. El estrangulamiento energético también puede asfixiar una relación laboral; piensa en los momentos en que en realidad has querido que un jefe te aprobara o un colega hiciera algo. Siempre que sentimos apego o necesidad en una relación, es probable que tengamos a la otra persona en un estrangulamiento energético.

Como posiblemente ya sabes, mantener a alguien en un estrangulamiento energético no te llevará a ningún lado. Normalmente, ese tipo de energía necesitada es muy decepcionante. Enfrentémoslo: ¿Quién quiere salir con alguien que te asfixia con su vibra? o ¿quién quiere contratar a una persona que intenta manipular los resultados?

Esta lección no es fácil para la gente. Muchas personas tienen creencias muy arraigadas en el miedo tales como: "Yo no valgo a menos que tenga la atención de los demás". O, "Necesito controlar el resultado para poder sentirme seguro". Estas creencias tienen origen en nuestra crianza, en experiencias traumáticas pasadas, y en una necesidad imperiosa de sentirse seguro y amado. Comprender la profundidad de estas creencias es fundamental para cambiar el comportamiento.

Tómate un momento para identificar y anotar el miedo que existe detrás de la necesidad de controlar a los demás. Para mí era: "Estoy incompleta sin una pareja romántica". Ese pensamiento me hacía ser muy controladora, manipuladora y energéticamente loca en las relaciones románticas. Mi ego me había convencido de que no estaba segura sin una pareja y que, por lo tanto, necesitaba hacer lo que fuera necesario para mantener intacta una relación romántica. Cuando me di cuenta de que el comportamiento controlador venía de una minúscula idea loca, fui capaz de renunciar a él.

Una vez que comprendas mejor por qué necesitas controlar energéticamente a las personas, podrás dar el siguiente paso: aclarar cuál es el sentimiento detrás de la necesidad de control. ¿Existe una sensación de pánico? ¿Un sentimiento de pérdida? ¿Tensión en alguna área específica de tu cuerpo? Tómate un momento para describir ese sentimiento; dale un color y una textura. Sé tan descriptivo como puedas. El sentimiento que estás describiendo es la vieja inseguridad y el miedo que vive debajo de tu necesidad de controlar. Ese sentimiento nunca sanó, así que piensas que necesitas control de lo externo para evitar sentirlo de nuevo.

La clave para liberar tu necesidad de controlar energéticamente a otros es curar el sentimiento que hay detrás. Cada vez que notes que tus niveles de estrés aumentan y que el miedo se acompaña de la necesidad de estrangular energéticamente, es el momento de sentir el sentimiento. Tómate 60 segundos para respirar, sintiéndolo en donde quiera que viva en tu cuerpo. Tal vez sea un nudo en el estómago, un palpitar en tu pecho o una mandíbula apretada. Dirige tu respiración hacia esa área, permitiéndote sentir el sentimiento sin correr riesgo. En ese minuto tu energía puede cambiar, puedes respirar para atravesar ese sentimiento y luego dejarlo ir. El milagro de soltarlo se da cuando llegas a la raíz del problema. El objetivo no es conseguir el resultado deseado, el objetivo es sentir paz.

Usa este ejercicio cada vez que te sientas energéticamente fuera de control. Identifica el sentimiento, respira sintiéndolo y suéltalo. Continúa esta práctica hasta que sea tu segunda naturaleza.

Mensaje milagroso #76:
Obsesionarse con el resultado de una relación es un obstáculo. Deja ir y permite entrar.
#MilagrosAhora

#77: Aprovecha el poder de la empatía

A muchos de nosotros que nos sentimos atraídos por este tipo de libros se nos considera empáticos, popularmente llamados "sentimentales". Un empático tiene la habilidad de sentir la energía de la gente a su alrededor. Algunos de los rasgos más prominentes de un empático son la habilidad para detectar emociones profundas en los demás y un fuerte sentido para saber lo que sucede. Estas características pueden ser muy poderosas si se les afina. Pero cuando los empáticos no son conscientes de sus altos niveles de intuición y empatía, esas cualidades se tornan abrumadoras y, a veces, temibles.

Todo tiene una vibración o frecuencia energética. A medida que las vibraciones cambian, los empáticos pueden experimentar esa modificación con sus sentidos. Preparado con las herramientas correctas, un empático puede cambiar las vibraciones y llevarlas hacia una dirección positiva. Es importante tener una agudizada conciencia de tu empatía para que puedas subirte a la ola de las emociones del mundo, en lugar de que estas te derriben. Si te identificas como empático o incluso tiendes a que te afecte la energía de palabras, noticias y gente negativas, este principio te dará mucho apoyo.

¿Cómo puedes usar esta característica para curar y no para dañar? En primer lugar es importante entender cómo te afectan las vibraciones negativas. Haz una lista de todas las circunstancias que bajan tu energía. ¿Quién está involucrado y qué sucede? Luego, comprométete contigo mismo para protegerte en esas situaciones.

Hay unas cuantas buenas técnicas para proteger tu energía. Puedes comenzar con una oración. Yo utilizo esta fabulosa oración de protección energética que aprendí de mis mentores espirituales en Brasil. Dirígete a Dios, al universo, al espíritu o a quien sea que te dirijas cuando rezas. Di en voz alta o para ti mismo: *Gracias por eliminar toda energía negativa que haya captado, y gracias por recuperar cualquier energía positiva que haya perdido.* Esta declaración envía el mensaje universal de que nada debe fastidiar tu energía. Tienes más poder de lo que crees, así que recuerda que tú llevas la voz cantante cuando se trata del tipo de energía que estás dispuesto a absorber.

Otro gran ejercicio es protegerte visualizando un círculo de luz a tu alrededor. Cierra los ojos y mantén la imagen de un hermoso escudo de luz blanca rodeándote. Si estás en un lugar con energía tóxica o estás captando vibraciones bajas de la televisión o de la radio, usa este escudo para proteger tu campo energético.

Siendo empático, una vez que sepas cómo protegerte, puedes aprender a utilizar tus habilidades de una manera positiva. Por lo general, los empáticos son solucionadores de problemas. Sus agudizados niveles de intuición los ayudan a dar soluciones a situaciones que pueden parecer casos perdidos. Usa esta herramienta para ayudarte a ti mismo y a los demás a encontrar paz en situaciones que la requieran, y para ser una poderosa fuente de empatía en el mundo.

MENSAJE MILAGROSO #77:
LA EMPATÍA ES UNA VIRTUD. ÚSALA SABIAMENTE.
#MILAGROSAHORA

#78: Ocúpate de tu propia mente

Yogui Bhajan dijo: "Si tu mente puede acompañarte, es una bendición. Si tu mente te obedece, es una súper bendición". La bendición es que cuando aprendes a controlar tu propia mente, esta deja de controlarte a ti. Tú puedes guiar el camino con tu Yo superior y no con la guía de bajo nivel de tu ego. Cuando dominas tu mente, puedes experimentar lo que se conoce como *shuniya* en la tradición yóguica.

Shuniya es un estado de conciencia en la que la mente entra en completa quietud. Cuando desarrolles esta paz interna, serás recompensado con beneficios físicos, emocionales y espirituales. Yogui Bhajan consideraba que *shuniya* es el estado de conciencia más elevado, en el que el ego está en total serenidad. Cuando experimentamos "cero mente", podemos enfocar nuestra proyección mental en intenciones claras y alinearnos con la fuente energética del universo.

¿Todo esto te suena un tanto alucinado? Yo sé que el concepto de "cero mente" parece difícil de entender, pero es en verdad alcanzable. Puedes alcanzar la quietud con una meditación llamada "Ocupándote de tu propia mente", y recibir grandes beneficios en cuestión de minutos. Si aquietas tu mente aunque sea por un instante, estarás un paso más cerca de experimentar *shuniya*. Usa esta práctica para lograr momentos de quietud o expandir tu conciencia interna. Haz de ella un ritual diario.

Para comenzar la práctica, siéntate en *postura fácil* con la columna recta. Cierra tu fosa nasal derecha con tu pulgar derecho e inhala profundamente por tu fosa nasal izquierda. Exhala solo por la boca.

Practica esta meditación por 6 minutos.

Para terminar, inhala profundamente; entrelaza tus dedos y estira los brazos por encima de tu cabeza, con las palmas mirando hacia arriba. Mantén la respiración de 10 a 15 segundos mientras estiras tu columna hacia arriba.

Mensaje milagroso #78:
Dominar la mente ayuda a revelar el misterio de la existencia.
#MilagrosAhora

#79: Consigue un subidón natural de amor

En ocasiones, la manera más sencilla de dejar una mala actitud y sentir felicidad puede llegar a través de una acción cotidiana. Ciertas acciones disparan oxitocina, también llamada la hormona del amor porque se sabe que provoca sentimientos de amor y confianza, además de una sensación de vinculación afectiva. Cuando te sientes fatal, la oxitocina puede darle un giro a tu estado anímico, hacerte sentir más conectada y revitalizar tu energía entera.

Hay algunas cuantas formas naturales de acelerar el motor de la oxitocina cuando tu energía se está ahogando. Estos fabulosos tips pueden ponerse en práctica en cualquier momento y lugar. Tómate un minuto para que se dé un milagro y permite que la hormona del amor te guíe.

Tip 1: Pon la mano sobre tu corazón. Mi amiga Arielle Ford me enseñó que al poner la mano en tu corazón se estimula la hormona del amor que, a su vez, le envía al cuerpo la señal de que es seguro tranquilizarse. Luego de poner la mano en tu corazón, respira sintiéndolo. Mientras respiras sintiendo tu corazón, imagina sentimientos de amor, compasión y calma llenando todo tu ser. Colabora proactivamente en tu curación respirando hacia tu corazón.

Este ejercicio estimulará el flujo de oxitocina. El estrés disminuirá a medida que la oxitocina baje la presión sanguínea y los niveles de cortisol (léase estrés). Los efectos de eliminación de la ansiedad apoyan el crecimiento, la curación y una sensación de felicidad total. Pon la mano sobre tu corazón y calma la locura.

Tip 2: Abraza a alguien por 20 segundos. Sí, así de sencillo como suena. Solo dale un apretujón a alguien que amas y deja que se prolongue. Asegúrate que el abrazo sea recíproco. Es importante que el gesto encienda un sentido de conexión para que la oxitocina se estimule. Abraza a tu pareja, a tu mejor amigo o incluso a tu mascota. La dulce conexión entre dos seres puede cambiar totalmente tu estado anímico.

Tip 3: Exhibe tu mejor sonrisa. Una sonrisa genuina y sentida genera sentido de conexión. Sonríe a la gente que conoces, y siéntete libre de sonreírle también a gente al azar cuando vayas por la calle. Solo expresa una bendición auténtica y de corazón a través del gesto generoso de tu sonrisa. En un instante sentirás el subidón de amor.

El amor no tiene que venir de una pareja romántica o de un familiar. El amor puede llegar de cualquiera de las formas de una conexión auténtica. Haz tiempo en tu vida para crear ese tipo de conexiones, y confía en que no solamente te estás ayudando a ti mismo, sino en que también estás repartiendo amor.

Mensaje milagroso #79:
El amor puede llegar de cualquiera de las formas de una conexión auténtica.
#MilagrosAhora

#80: Las características que nos desagradan de los demás son partes rechazadas de nuestra sombra

Una vez tuve una pelea explosiva con una mujer que trabajaba en una oficina de renta de autos. Ella comenzó a ostentar su poder, esforzándose por complicarme las cosas. Mi reacción ante eso no fue nada bonita. Sentí la necesidad de responderle con mi propio juego de poder, amenazando con llamar a su supervisor y poner una queja. Y eso fue lo que hice.

Unas horas después de poner mi queja en la oficina corporativa y con su supervisor regional, no sentí ningún alivio. Pensé que quejarme sobre lo mal que me había tratado me ayudaría a superar la desagradable experiencia. Curiosamente, haberlo hecho me hizo sentir peor. Me senté a analizar lo que sentía y a explorar cuál era la lección que yo debía aprender. En la quietud escuché a mi voz interna decir: "Las características que no te gustan en esta persona son una parte rechazada de tu propia sombra". Mi guía interior me dejó pasmada: El mensaje era sumamente claro y significativo.

Continué examinando qué característica de esta furiosa empleada me estaba reflejando la "sombra rechazada" por mí misma. ¿Qué había en mí que yo estaba escondiendo y reprimiendo? Mediante la contemplación silenciosa pude aceptar que, en el fondo, había una parte mía que quería controlar la situación y el resultado. Esa era la misma característica que ella había exhibido. Su arraigada necesidad de estar en control chocó con mi propia necesidad de controlar, y se desató el infierno.

Aquí el punto clave es que incluso personas extrañas nos pueden ofrecer oportunidades para ver de cerca las partes de nuestra sombra que queremos mantener ocultas. *Un curso de milagros* nos enseña que: "...lo que está oculto puede aterrorizar, no por lo que es intrínsecamente, sino por el hecho de estar oculto". El asunto no es lo que estamos escondiendo, sino que no estamos dispuestos a enfrentarlo.

La próxima vez que alguien te saque de quicio, observa tu reacción y recuerda que *las características que no te gustan de esa persona son una parte que rechazas de tu propia sombra.* Entra en quietud y permite que tu guía interno te enseñe lo que necesitas liberar. Debes estar dispuesto a examinar tu ego y dejar que las demás personas sean tus grandes maestros.

Mensaje milagroso #80:
Las características que nos desagradan de los demás son partes rechazadas de nuestra sombra.
#MilagrosAhora

#81: Toma decisiones con facilidad

Con frecuencia, la mente lógica es un obstáculo para nuestra intuición perfecta. Cuando una situación tiene muchas variables (o hay un mucho en juego), toda la duda y el debate interno nos pueden enloquecer. Además, muchos de nosotros tendemos a sobreanalizar, lo que empeora todo, pues corta nuestra conexión con la inspiración y la intuición. Cuando estamos atrapados en la indecisión, generalmente forzamos la respuesta. Sin embargo, presionarnos para tomar una decisión generalmente es la receta perfecta para que nos arrepintamos. La manera ideal de tomar decisiones es hacerlo desde un espacio interno de intuición y poder.

Ante una decisión, cada músculo en tu cuerpo reacciona oponiéndose a, o bien, fluyendo con ella. Tu cerebro puede engañarte, pero tus músculos nunca mienten. Cuando te sientas atorado en una decisión, prueba tus opciones mediante la tensión muscular para ver con cuál de ellas está de acuerdo tu cuerpo. Esto se llama "prueba de kinesiología aplicada", y es una forma de obtener respuestas de tu subconsciente a través de reacciones musculares.

La siguiente es una simple prueba muscular que puedes hacer en este momento:

Comienza eligiendo una pregunta. Puede ser tan insignificante como: "¿Debo comer esta *pizza*?", o tan importante como: "¿Es hora de dejar mi trabajo?".

Una vez que hayas decidido la pregunta, reformúlala como si hubieras ya decidido: "Sí, quiero la rebanada de pizza" o "No, no estoy listo para dejar mi trabajo".

En tu mano izquierda, presiona la yema del pulgar contra la del meñique como formando una "O" (como se muestra en la imagen).

Mete el pulgar y el índice de tu mano derecha en la "O" como se muestra en la siguiente imagen.

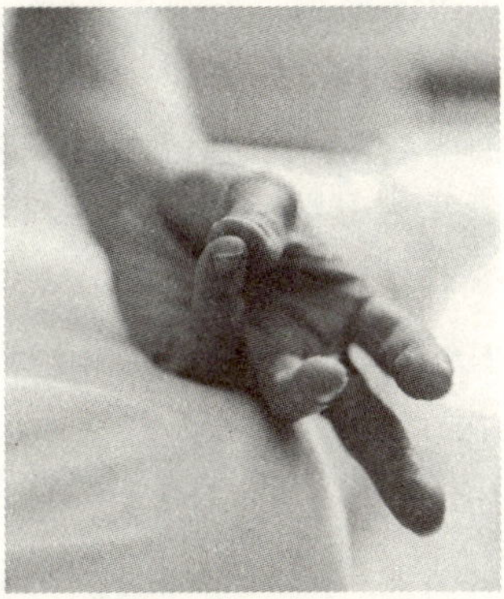

Luego jala tu pulgar e índice derechos en contra de los dedos de tu mano izquierda que están formando la "O".

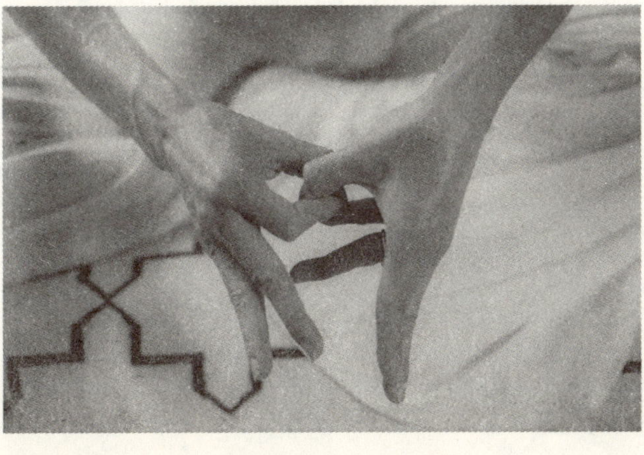

Si la O se rompe fácilmente significa que esta elección o decisión te debilita y tu cuerpo no la apoya. Esta es una clara señal de que tu respuesta es un NO definitivo.

Si, por el contrario, tus dedos de la mano izquierda se mantienen presionados, la elección o decisión es un SÍ rotundo.

Este sencillo ejercicio puede comunicar muchas cosas. Confía en que tus músculos nunca mienten. Tu ego puede resistirse al mensaje que recibe, pero esfuérzate por confiar en lo que tu cuerpo te está diciendo.

MENSAJE MILAGROSO #81:
TOMA DECISIONES DESDE UN ESPACIO INTERNO DE INTUICIÓN Y PODER.
#MILAGROSAHORA

#82: No le saques la vuelta a quien quieres ser. Métete de lleno en la tarea

Cuando tenía 25 años me volví devota de la maestra espiritual Marianne Williamson. Uno de sus libros en particular me llegó al corazón: *El valor de lo femenino*. Después de leerlo, descubrí una fuente de poder interior que nunca había reconocido. Este asombroso despertar se dio después de leer el siguiente párrafo:

> *Una reina es sabia. Se ha ganado su serenidad, no se la han regalado, sino que ha pasado sus pruebas. Ha sufrido y es más hermosa por ello. Ha demostrado que puede mantener su reino en pie. Se ha convertido en su propia visión. Se interesa profundamente en algo más grande que ella misma. Gobierna con auténtico poder.*

En aquel momento, no podía entender qué se sentiría gobernar "con auténtico poder", pero sonaba realmente bien. Yo deseaba percibirme como una mujer poderosa, pero en el fondo me sentía como una niña débil buscando su autoestima en circunstancias externas. Este párrafo me ayudó a reconocer que no hay atajos en el camino hacia mi poder auténtico. Tendría que cumplir con las tareas de la vida y pasar mis pruebas para liberar todo lo que me estaba bloqueando para ser mi yo supremo.

Una vez que estuve dispuesta a dejar de buscar *afuera* para mejor mirar hacia mi interior, mi vida entera cambió. Comencé a *ganar mi serenidad* y aprendí a hallar mi fuente de paz y mi propósito desde una condición interna. Mi dependencia emocional se desvaneció, mi inseguridad disminuyó y mi autodesconfianza se transformó en seguridad en mí misma. Con el tiempo me convertí en reina y hoy vivo en mi poder auténtico. Tú también tienes la capacidad de vivir en tu poder auténtico. Si te sientes desalineado en cualquier área de tu vida, utiliza estas herramientas para recalibrar tu autenticidad.

Toma papel y pluma y describe las diferencias entre lo que se siente estar en tu verdad, y estar en tu ego. ¿Cómo actúas, hablas, piensas e incluso respiras de modo diferente en cada uno? Pon mucha atención en las diferencias de cómo te sientes. Sé tan específico como puedas; ninguna acción, hábito o palabra es demasiado insignificante.

Aunque estos pasos parecen ser muy sutiles, puedes confiar en que están encendiendo poderosas transformaciones dentro de ti. Sigue comprometido con este proceso e invita a la energía del universo a que apoye tus tareas y crecimiento espiritual. Confía en que tu poder auténtico es todo lo que necesitas para compartir en verdad tu luz con el mundo.

MENSAJE MILAGROSO #82:
NO LE SAQUES LA VUELTA A QUIEN QUIERES SER.
MÉTETE DE LLENO EN LA TAREA.
#MILAGROSAHORA

#83: El perdón te libera

Como estudiante de *Un curso de milagros* estoy comprometida con la práctica del perdón. El *Curso* enfatiza que, a través de la experiencia del perdón, podemos reconectar con nuestra verdad, que es el amor. La desconexión de la verdad es lo que, en primer lugar, nos provoca tanto dolor. Siempre que elegimos percibir el mundo a través del ataque, del juicio y de la separación, inconscientemente nos sentimos culpables porque en el fondo sabemos que le hemos dado la espalda al amor. El perdón nos libera de la culpa y nos realinea con quienes somos en verdad.

La idea del perdón es grandiosa, pero vivirlo en realidad puede parecer difícil. Muchas personas ni siquiera pueden comprender cómo sería perdonar porque han creado una vida en la que están constantemente a la defensiva, "protegiéndose" a toda costa. Si eres de los que andan con los guantes de box puestos, es hora de dejar la actitud de pelea. La única manera para que puedas prosperar verdaderamente en la vida es liberando toda la tensión que te impide dejar que el amor te inunde. Esa tensión proviene de una falta de perdón. Ahora bien, sinceramente entiendo que en muchos casos pueda parecer imposible perdonar a alguien o una situación, en especial si el acto te lastimó profundamente. Cuando te han herido es normal sentir que no puedes soltar tu enojo y pensamientos de ataque. Estás convencido de que, de algún modo, tu enojo te protegerá, te dará armas y te mantendrá fuerte. Pero, en realidad, el enojo y el resentimiento te debilitan al dejarte estancado en un dolor del pasado.

El perdón es fundamental para tu felicidad. Es importante entender y aceptar que el perdón no es para tu atacante. Es para ti. Mediante el perdón bajas la guardia y abres el corazón a la paz.

¿Estás listo para experimentar los milagros ahora? Sigue estos tres pasos para ejercitar el perdón:

Paso 1: En tu diario, haz una lista de las personas que necesitas perdonar (no te olvides de incluirte si es necesario).

Paso 2: Acepta tu parte en la situación. Aunque sientas que te han dañado profundamente, tú también tienes parte en ello. A veces tu parte puede ser que has estado cargando el resentimiento. O quizá sea que te quedaste demasiado tiempo en una relación. Si no te es claro cuál es tu parte en esa situación, tómate un momento para preguntarte cómo has estado participando en tu propio malestar acerca de esto.

Paso 3: Reza. A través de la oración pedimos ayuda a un maestro invisible. Llámalo Espíritu Santo, Dios o amor. El nombre no importa. Lo que sí importa es que elijas a quién pedirle ayuda. Confiar en que un poder superior a ti puede intervenir en la situación es un paso básico en el proceso del perdón. Tu mente lógica no tiene ni la menor idea de cómo podrás perdonar y dejar ir el resentimiento. Pero tu intuición y tu conciencia más elevada tienen el plan perfecto. Confía en ese plan y entrégate a tu deseo de perdonar mediante la oración.

Simplemente di: "Guía interno, reconozco que este resentimiento me está haciendo daño. Mi enojo y mi apego no me están sirviendo. Estoy dispuesto a perdonar. Muéstrame el camino. Gracias".

Siéntete en total libertad de cambiar el lenguaje de esta oración. Las palabras no importan tanto como tu intención de soltar el resentimiento.

Mensaje milagroso #83:
Prosperar verdaderamente en la vida significa liberar la tensión que te impide dejar que el amor te inunde.
#MilagrosAhora

#84: Cuando el tiempo esté encima de ti, comienza y la presión desaparecerá

Quizá conozcas la canción "Age of Aquarius" ("La era de Acuario"), de la obra musical *Hair*. El discurso de esta época se hizo más relevante en 1969, cuando Yogui Bhajan se mudó a Estados Unidos para dar a conocer la tecnología del yoga Kundalini. Su intención de traerla a Occidente era prepararnos para la era de Acuario. Y, bueno, la Era de Acuario ha comenzado ya.

Por las clases básicas de astronomía, sabrás que la Tierra rota sobre su eje. La línea imaginaria (o eje) que atraviesa por el centro del planeta presenta un ligero bamboleo; cuando este eje avanza —trazando un círculo con su bamboleo— una distancia dada, pasamos a una nueva era, y esto sucede aproximadamente cada 2 mil años. Durante los últimos 50 años hemos estado transitando de la Era de Piscis a la Era de Acuario. La Era de Acuario comenzó oficialmente el 11 de noviembre del 2011, o puesto de otro modo, el 11/11/11. Posiblemente escucharás también que la fecha oficial del cambio fue el 21 de diciembre del 2012. Sin importar qué fecha aceptes como el inicio de la nueva era, el hecho es que ya estamos en ella.

En la Era Acuariana estamos experimentando toda una nueva dimensión de potencial humano y conciencia espiritual. Con este cambio también viene una sensación de que el tiempo se está acelerando. Mucha gente expresa tener la sensación de estar en una olla de presión a punto de explotar.

En un esfuerzo por prepararnos para estos tiempos caóticos, Yogui Bhajan nos dejó los cinco sutras para la Era Acuariana (como ya mencionamos en principios anteriores). El tercer sutra: "Cuando el tiempo esté encima de ti, comienza y la presión desaparecerá", nos ofrece una buena guía para saber navegar en las presiones de esta época. Este mensaje nos anima a montarnos en la energía y tomar acción ya. Ya no estamos en la época en la que aún nos podíamos esconder, achicarnos y seguir estancados. Si lo hacemos, sentiremos un gran malestar.

Por lo general, la gente se resiste al cambio; se siente más segura en un mismo lugar. El objetivo de este Sutra es ayudarnos a aceptar que el universo es cambio y que el cambio es constante. Debemos acoger el cambio y fluir con él. En el momento en el que des el primer paso, la presión desaparecerá.

MENSAJE MILAGROSO #84:
"CUANDO EL TIEMPO ESTÉ ENCIMA DE TI, COMIENZA Y LA PRESIÓN DESAPARECERÁ".
(YOGUI BHAJAN)
#YOGUIBHAJAN #MILAGROSAHORA

#85: Las relaciones íntimas pueden ser tu mejor recurso de aprendizaje

Casi siempre las relaciones íntimas nos ofrecen un camino revelador para nuestro crecimiento personal. Quizá al calor del momento, cuando los nervios están de punta, es difícil ver cuál es la lección. Ya sea con tu pareja, alguno de tus padres, un hijo o un amigo, puede parecerte difícil atravesar los desacuerdos y las rachas duras. Pero, generalmente las relaciones que más nos ofrecen son las que hacen surgir nuestros rollos más desagradables.

Si estás en una de estas relaciones sin la disposición de crecer, acabarás atrapado en un laberinto negativo. Nuestro trabajo como estudiantes espirituales es aceptar que las relaciones íntimas en nuestra vida son tareas divinas para crecer y curarnos perfectamente. Cuando percibimos las relaciones así, las podemos usar como recursos de aprendizaje y no como sentencias de muerte.

Yogui Bhajan dijo:

> *Dos polaridades se unen para hacer avanzar la vida juntas a través de las épocas difíciles y tranquilas. Sin embargo, actualmente pensamos que las relaciones son para que las personas se mantengan juntas solo en las épocas tranquilas. ¿Cómo puede ser posible que no puedas experimentar tiempos duros y tranquilos en una relación?*

Me encanta este mensaje porque nos da permiso para aceptar que tendremos épocas difíciles. Con la aceptación viene la verdad y el deseo de crecer. En lugar de esperar vivir en paz todo el tiempo, nuestro deber es estar en paz con el caos.

Este principio está dirigido hacia el ejercicio del deseo de encontrar paz en relaciones emocionalmente cargadas. Yo he descubierto que mis relaciones más íntimas me reflejan los lados propios que simplemente no quiero ver. Me ponen en el límite de mi zona de confort y me desafían a crecer. A continuación les presento las herramientas que sugiero usar para despejar los desafíos en las relaciones emocionalmente intensas.

Reconoce tu deseo de estar en lo correcto. Al aceptar que preferimos estar contentos en vez de tener la razón, nos estamos liberando. En esa decisión, puedes elegir no ser reactivo. En un momento de crisis, en lugar de responder como lo haces comúnmente (que probablemente irrite a la otra persona y empeore las cosas), no hagas nada.

En mi caso, solía ponerme a la defensiva y ser muy reactiva al enfrentar desafíos en las relaciones. Esa energía reactiva no me llevó a ningún lado. Finalmente, me harté tanto de mí misma, que decidí cambiar: decidir proactivamente en vez de sucumbir a las reacciones. En lugar de hacer lo de siempre cuando surgía algún desafío, elegí no hacer nada. Elegí respirar sintiendo el malestar y quedarme quieta. En esa quietud, podía escuchar a mi intuición decirme cómo navegar por el resto de la pelea para hallar paz más rápidamente. Este ejercicio puede alarmar a la otra persona porque está esperando que respondas como siempre lo haces. Confía en que tu quietud no te servirá solo a ti, sino que también le ofrecerá a esa persona una oportunidad para cambiar.

Otra poderosa herramienta para cambiar la energía de una relación sobrecargada es aceptar que la otra persona tiene una percepción del mundo totalmente distinta a la tuya. A veces el camino de menor resistencia es estar de acuerdo a estar en desacuerdo. Aquí la clave es respetar la opinión de la otra persona aunque sea opuesta a la tuya. Todos tenemos egos que perciben el mundo a través del lente del miedo. Al respetar el hecho de que cada persona está teniendo su propia experiencia que viene del miedo, te das permiso para dejar ir tu necesidad de tener la razón, y ambos se liberan.

Usa estas herramientas para suavizar las asperezas de tus relaciones íntimas, y confía en que estas son tareas divinas para tu óptimo crecimiento y curación.

MENSAJE MILAGROSO #85:
PERMITE QUE TUS RELACIONES ÍNTIMAS SEAN TUS MEJORES RECURSOS DE APRENDIZAJE PARA TU CURACIÓN Y CRECIMIENTO ESPIRITUAL.
#MILAGROSAHORA

#86: Sé el alumno feliz

Ya que estamos acercándonos al final de este libro, es momento de comenzar a evaluar tu práctica. Aunque te he dado varias herramientas, quizá ninguna de ellas se te ha pegado aún. Es importante entender que no tienes que aplicar todos los principios a la vez. Simplemente con elegir una de las herramientas para practicar diariamente puede cambiar tu vida para siempre. El verdadero cambio se da con la repetición cotidiana de acciones nuevas y empoderantes. Estas acciones pueden ser pequeñas y aún así generar un beneficio enorme.

Haz una lista de los ejercicios que te han servido hasta ahora. Tal vez sea bueno que elijas uno que te ayude mucho en este momento, comprométete a aplicarlo durante los siguientes 40 días. La repetición de ese comportamiento te ayudará a crear un cambio permanente que durará toda la vida.

Es fácil abrumarse cuando tienes una tonelada de herramientas enfrente. Algunas personas hasta se vuelven adictas al crecimiento personal y, entonces, su ego las desanima diciéndoles que no están haciendo lo suficiente. Yo tomo la estrategia opuesta. Creo en ir añadiendo cambios sutiles. También creo en la repetición. No hay necesidad de presionar, controlar o forzar nada. Confía en que el cambio verdadero ocurre sutilmente con el tiempo.

Si has estado tratando de controlar los resultados y de forzar tu camino espiritual, es tiempo de renunciar a eso y de convertirte en el alumno feliz. Confía en que no necesitas hacer todo a la perfección ni ahora mismo. Solo haz una cosa a la vez y permite que el universo se haga cargo.

Mientras continúas con las técnicas de este libro, practica también ser imperfecto. Tómate tu tiempo, revisa los ejercicios pasados y, si quieres, elige uno en el que te enfoques durante 40 días. Este libro no está planeado para que hagas todo al mismo tiempo. Es un plan abierto de estudios. Confía en tu intuición y permite que tu voz interna te conduzca a los mejores ejercicios para ti en este momento.

MENSAJE MILAGROSO #86:
NO TE COMPLIQUES. VE DESPACIO.
SÉ EL ALUMNO FELIZ.
#MILAGROSAHORA

#87: Confía en tu instinto

¿Aún se te complica tomar decisiones, incluso después de practicar la prueba de kinesiología del principio #81? A veces nuestro ego puede ser un verdadero obstáculo para llegar a una conclusión honesta. También nos podemos quedar enganchados con las opiniones de los demás. Aunque quizá el ejercicio de prueba muscular te haya dado algo de claridad, es posible que necesites aprender a confiar mucho más en tus músculos intuitivos.

Este principio se planeó para los verdaderos escépticos que necesitan un empujoncito extra en su proceso de toma de decisiones. Este ejercicio es sumamente simple y, sin embargo, revela instantáneamente tus verdaderos sentimientos sobre algún asunto en particular. Éntrale cuando estés hundido en la frustración y te sientas totalmente incapaz de tomar una decisión. Después de pasar horas enteras (días o semanas) dudando y analizando en exceso, este veloz ejercicio te dará alivio y te permitirá avanzar.

Toma una moneda de tu cartera. Luego piensa en las dos opciones que has estado rumiando. Elige "águila" para la primera, y "sol" para la segunda. Luego lanza la moneda. Después de echar el volado, pregúntate cómo te sientes.

¿Estás feliz y entusiasmado por el veredicto, o estás ansioso y asustado? ¿Cuál es tu reacción honesta ante el resultado del volado?

Si tomaste en serio este ejercicio, es probable que hayas obtenido una percepción importante de lo que por instinto deseas o no deseas. Cuando la moneda cayó ya sea en "águila" o "sol", fue el momento para que evaluaras honestamente cómo te sentías acerca del resultado. Esa respuesta sincera es tu verdad. Es posible que esta te sorprenda. A veces pensamos que deberíamos desear cierto resultado por alguna razón (es más sencillo, los demás lo desean, va más conmigo, etc.), así que cuesta admitir que realmente deseamos la otra opción. El volado te permite alejarte mentalmente de la decisión y distanciarte del parloteo analítico para que, finalmente, puedas reconocer tu propio instinto.

Usa esta herramienta siempre que tengas dudas y aprenderás a confiar en tus instintos.

MENSAJE MILAGROSO #87:
CONFÍA EN QUE TU INSTINTO ES LA VERDAD QUE YACE DEBAJO DE LA SUPERFICIE DE TUS MIEDOS.
#MILAGROSAHORA

#88: Cambia tu estado de ánimo con un ritual

Mi amiga Barbara Biziou es la reina de los rituales. ¡Tiene un ritual para todo! Ella dice que los rituales "dan sustancia y significado a nuestras vidas, mejorando las rutinas cotidianas, enriqueciendo los momentos decisivos y guiándonos a través de transiciones difíciles". Cada vez que practico uno de los rituales de Barbara me siento con energía renovada, como si hubiera apretado el botón ACTUALIZAR de mi vida.

Hay un ritual en particular que me parece muy útil: se trata de un ritual para modificar tu energía. Esta sencilla práctica puede cambiar por completo la energía y el estado anímico en un instante.

Este ritual de Barbara funciona de la siguiente forma:

Tritura algunos granos de pimienta en un mortero o tazón y huélelos profundamente. La pimienta negra elimina la negatividad y aleja las malas vibras de inmediato, creando más espacio en tu aura (el aura es un campo de energía luminosa que rodea a toda criatura viviente). También puedes utilizar aceite esencial puro de pimienta negra. Y si necesitas un poco de valentía extra, lleva contigo un puñado de pimienta en una bolsita, te ayudará a enfrentar situaciones y te proporcionará energía extra para que logres lo que no te animas a hacer.

Con los ojos abiertos, haz unas cuantas respiraciones profundas. Siéntate derecho y echa los hombros hacia atrás, mientras respiras llenando bien los pulmones. Mirando hacia arriba, haz un par de inhalaciones profundas y luego exhala relajando. Esto te conduce a un estado cerebral de felicidad.

Ahora cierra los ojos y baja la barbilla hasta encontrar una posición cómoda. Mientras respiras profundamente, imagina que puedes abrirte a la energía de la paz y la compasión. Visualiza esta energía fluyendo a través tuyo como si fuera una tibia agua tranquilizadora que disuelve las firmes barreras que has creado para proteger tu luz interna. Fija la intención de que solo se eliminará lo que es apropiado disolver en este momento. Eres tú quien elige. Es como si te conectaras con una batería cósmica. Ábrete y permite que este campo energético llene todo tu ser.

Ahora imagina que hay una capa invisible a tu alrededor. Solo puede entrar energía buena y positiva, y tienes ya la habilidad para compartir tu verdadera esencia con el mundo sin correr peligro. Sella esta energía quemando incienso u hojas secas de lavanda, o bien, ungiéndote con aceite esencial puro de esta flor.

Esto puede parecer como brujería para el que se inicia en los rituales, pero si estás totalmente comprometido a mejorar tu energía, tómalo con seriedad. Cuando te comprometes a practicar un ritual, decretas ante el universo que estás dispuesto a transformarte y crear. Créeme: ese decreto está siendo escuchado. Aunque seas cínico o incrédulo, prueba este ritual y pon atención en los cambios milagrosos.

MENSAJE MILAGROSO #88:
LOS RITUALES MODIFICAN LA ENERGÍA Y ENVÍAN UN DECRETO POSITIVO AL UNIVERSO.
#MILAGROSAHORA

#89: Haz dinero y también milagros

Tras una recesión económica nacional se disparan el miedo y la inseguridad financiera. En la gira para promover mi libro, *May Cause Miracles* (*Puede causar milagros*), en 2013, hablé con muchísima gente que se siente ahorcada por el miedo a no tener lo suficiente. Pero, aún en los tiempos en que la economía va viento en popa, podemos sentirnos atrapados y temerosos como resultado de nuestros patrones de pensamiento respecto al dinero. La única manera de atravesar el miedo es cambiando la percepción que tienes de tus finanzas.

La energía es moneda de cambio. Así que cuando tu energía tiene la esencia de la abundancia, aumentas enormemente tu capacidad para recibir más abundancia. Yogui Bhajan lo dijo mejor: "Persigues riqueza, fama y *glamour*. Pero, si eres un canal abierto, estos te perseguirán a ti". Cuando abres tu canal para liberarte del miedo a la carencia económica, llegarás a aceptar que tú no eres esa mentalidad de carencia. Esta práctica te ayudará a revolucionar tu capacidad creativa para intercambiar y recibir abundancia financiera.

Inicia confesando sinceramente tus miedos relacionados con lo económico. Dilos con firmeza para ti mismo o en voz alta, o bien, anótalos. Una vez que hayas hecho un inventario, tu siguiente paso será renunciar a ellos totalmente por medio de una oración poderosa.

Oración de la abundancia

Gracias, universo (o Dios) por ayudarme a reinterpretar mi relación con el dinero. Sé que mis pensamientos de carencia están basados en el miedo, y estoy listo para liberarlos ahora mismo. Doy la bienvenida a la abundancia nueva y creativa, y ahora pondré atención a la guía que reciba. Me libero del miedo a la carencia económica.

Luego siéntate a meditar y permite que el milagro se ponga en marcha. Puedes seguir la meditación guiada que está a continuación o descargar la Meditación de la abundancia en Gabbyb.tv/Miracles-Now.

Meditación de la abundancia

Respira profundamente por la nariz y exhala por la boca.

Con cada inhalación expande tu diafragma, y con cada exhalación contráelo hacia dentro y hacia arriba. Profundiza tu respiración en cada inhalación y exhalación.

En la inhalación, repite este mantra mentalmente: "Tengo lo suficiente".

En la exhalación, di: "El universo se está haciendo cargo de mí".

Inhala: "Sé que hay suficiente para vivir".

Exhala: "Libero mi miedo a la carencia económica y le doy la bienvenida al milagro".

Continúa con este mantra mientras inhalas y exhalas. Deja que las palabras se asienten y confía en que estás siendo guiado hacia nuevas percepciones.

Mensaje milagroso #89:
Le doy la bienvenida a la abundancia y ahora pondré atención a la guía que recibo.
#MilagrosAhora

#90: Un "no" es en sí una oración completa

Mi querida amiga Latham Thomas, escritora y conferencista motivadora, tiene un dicho simple y profundo que me sirve mucho: "Un 'no' es una oración completa". A veces decir que no, puede ser difícil, en especial cuando temes decepcionar a alguien.

A pesar de que me enorgullezco de ser una persona que conoce sus límites, aún sigo cayendo en algunas situaciones en las que me siento incómoda diciendo que no. Este tema surgió recientemente, cuando estaba intentando cerrar un negocio con gente que en realidad me cae bien. Habíamos pasado meses enteros en un sinfín de conferencias telefónicas, rumiando los puntos del acuerdo y poniendo en orden los asuntos legales. Después de esa labor, me sentí obligada a continuar con el acuerdo de negocio aunque todo en mi ser me decía que no lo hiciera. El negocio no me hacía sentido ni lógica, ni espiritualmente. Las palabras de mi amiga Marie Forleo resonaron en mis oídos: "Si no es un rotundo sí, entonces es un no definitivo".

A pesar de que tenía clarísima la respuesta, la olvidé por completo cuando tomé una nueva conferencia telefónica con el equipo. En la llamada, me percibí a mí misma nerviosa e incómoda con la idea de decepcionar a los involucrados. Comencé accediendo a su plan y, para cuando colgamos el teléfono, yo seguía cien por ciento comprometida, pero no quería estarlo.

¿Por qué me era tan difícil decir que no? Después de reflexionar un poco sobre el asunto, fue evidente que todavía me costaba tener que decepcionar a la gente. Ya que habíamos invertido tanto tiempo trabajando en el acuerdo del negocio, yo me sentía equivocadamente obligada a cumplirlo.

Para solucionar este malestar, me senté sobre mi almohadón de meditación y pedí a mi guía interno que me ayudara a avanzar. Luego de algunos minutos de estar en quietud, escuché en mi mente la voz de mi amiga Latham diciendo: "'No' es una oración completa". Mi guía interno me estaba ayudando a ver que no corría peligro al decir "no". 24 horas después, cancelé el acuerdo del negocio.

Todos tenemos un conflicto propio cuando se trata de decir "no" como si fuera una oración completa y terminante. Muchos de los problemas se originan en el intento de agradar y en la necesidad de tener la aprobación de los demás. Debemos reconocer que hacer algo que está desalineado de nuestras creencias y verdades básicas nunca funcionará. Cuando lo aceptemos, nos daremos cuenta de que el "no" casi siempre es la respuesta más amorosa.

Normalmente, la gente opondrá resistencia a tus "no", y los manipuladores harán lo posible para que el "no" se convierta en "sí". Pon atención a esta gente y confía en que entre más ejercites la palabra "no", más rápido se volverá una segunda naturaleza.

Para comenzar esta práctica, haz una lista de las áreas en tu vida en las que estás diciendo que sí, deseando decir que no. Enumera todas las formas en las que evitas decir que no, y describe claramente cómo afecta eso a tus relaciones y a tu felicidad. Aquí te presento unas cuantas preguntas para que comiences de una vez:

- ¿En qué circunstancias evito decir que no?
- ¿Cómo me afecta este comportamiento?
- ¿Cómo afecta este comportamiento a las demás personas involucradas?
- ¿Cómo me habría ayudado a mí y a las demás personas involucradas si hubiera dicho que no?

Ahora que tienes más claridad al respecto, el siguiente paso es comenzar a practicar decir que no. Al igual que las demás herramientas de este libro, este nuevo comportamiento requiere repetición. En lugar de intentar entender cómo decir que no perfectamente, solo hazlo como hábito aunque no te sientas cómodo en un principio. Comenzar con un nuevo hábito puede ser incómodo y temible. Y eso está padre. A veces la mejor manera para atravesar el miedo es ponernos en acción. Entre más seguridad tengas para decir que no, más gente te lo agradecerá.

MENSAJE MILAGROSO #90:
"UN 'NO' ES EN SÍ UNA ORACIÓN COMPLETA".
#MILAGROSAHORA

#91: Meditación para la memoria

¿A veces sientes que tu memoria está dañada? Cuando seguido te quedas con la mente en blanco, es probable como resultado del estrés o de una sobrecarga de información. La falta de sueño también daña la memoria. Dados nuestros horarios sin descanso, no es de sorprender que casi siempre nos sintamos como si literalmente estuviéramos perdiendo la cabeza.

Aunque la pérdida de la memoria puede ser algo atemorizante, también es cierto que esa condición puede revertirse rápidamente. El estrés es la primera causa de la pérdida de la memoria en personas saludables. Por lo tanto, reducir el estrés es la principal forma de estimular tu memoria y salud cerebral. El modo más efectivo de eliminar el estrés y recuperar tu poder cerebral es la meditación. Según un estudio realizado por los investigadores en el Instituto Benson-Henri de Medicina Mente-Cuerpo, del Hospital General de Massachusetts, la meditación en realidad apaga los genes que se activan por el estrés, fortaleciendo así tu salud global y funcionamiento cerebral.

Muchas meditaciones Kundalini están dirigidas al fortalecimiento de la función cerebral. Hay una meditación en particular para este fin llamada Kirtan Kriya. Según varias pruebas y escaneos cerebrales, Kirtan Kriya ha demostrado tener efectos increíbles en el cerebro. En un estudio, los participantes que meditaron 12 minutos al día durante 8 semanas experimentaron mejoría en la claridad mental y hasta un 50 por ciento, mejor memoria.

En sánscrito *Kirtan* significa "canción", y en el yoga Kundalini, *Kriya* se refiere a un conjunto específico de movimientos. Este Kriya es como una meditación de canto. Kirtan Kriya involucra la repetición de cuatro sonidos: *Saa, Taa, Naa, Maa.*

Este mantra está diseñado para levantarte el ánimo.

- ***Saa*** significa nacimiento o infinito.
- ***Taa*** significa vida.
- ***Naa*** significa muerte o fin.
- ***Maa*** significa renacimiento.

Al vocalizar los sonidos, junta tu pulgar con el índice (diciendo *Saa*), el pulgar con el dedo medio (diciendo *Taa*), el pulgar con el anular (diciendo *Naa*), y el pulgar con el meñique (diciendo *Maa*).

Siéntate en una postura recta ya sea en el suelo o en una silla. Descansa tus manos sobre las rodillas con las palmas hacia arriba. Canta las sílabas Saa, Taa, Naa, Maa, alargando el final de cada sonido en cada repetición.

Practica esta meditación de la siguiente manera:

- En voz alta durante 2 minutos.
- En un susurro durante 2 minutos.
- En silencio durante 4 minutos.
- En voz alta durante 2 minutos más.

Puedes practicarla desde 1 minuto hasta 12 minutos diariamente. Practicar Kirtan Kriya por 12 minutos al día puede mejorar más la cognición y activar partes del cerebro que son fundamentales para la memoria.

Es momento de darle un descanso a nuestro cerebro para recuperarnos de la embestida de estímulos. Es importante ejercitar nuestro cerebro de la misma forma que los hacemos con los músculos del cuerpo. Usa este Kriya si sientes que tu cerebro está aniquilado y necesitas reiniciarlo. Si te funciona, prueba practicarlo por 40 días y presta atención a tu memoria y habilidades motoras en general.

Mensaje milagroso #91:
Es importante ejercitar nuestro cerebro de la misma forma que lo hacemos con el resto del cuerpo.
#MilagrosAhora

#92: Date permiso de sentir

La mayoría de nuestros conflictos y complejos vienen de sentimientos que no se procesaron. Debajo de cada creencia limitante, patrón negativo y miedo al mundo vive un sentimiento que no ha salido a la superficie para curarse. En vez de sentir estos sentimientos, nos esforzamos por anestesiarlos. Comemos, bebemos, trabajamos, usamos drogas para no enfrentar nuestros sentimientos, o chismeamos sobre ellos y nos quejamos, y así sucesivamente. Con el tiempo, estas técnicas para adormecerlos se vuelven adicciones. Luego nos obsesionamos con el patrón adictivo en lugar de ir a la raíz del problema, que es el dolor no expresado.

En muchos casos, la gente no está consciente de que no se permite sentir esos sentimientos. Siendo adicta a las drogas en recuperación, yo experimenté esto de primera mano. En mi primer año de sobriedad, sentí emociones que nunca supe que existieran en mí. Durante casi toda mi adolescencia, usaba algún tipo de adicción para cubrir lo que temía tanto sentir. Ya fuera una relación romántica, mi carrera, las drogas o el alcohol, lo que hacía era evitar mis sentimientos. Una vez que estuve limpia, lo único que me quedó eran mis sentimientos. Fue muy intenso sentir tanto y tan rápido, pero también fue la mejor curación que jamás había experimentado. Como resultado de haberme dado permiso de sentir, pude realmente comenzar a vivir con libertad. Ya no tenía que apoyarme en mecanismos externos para reprimir los sentimientos que me daban miedo. Aprendí que era seguro sentir.

Mi *coach*, Rha Goddess, me enseñó que podía darme permiso de sentir mis emociones. Rha me ayudó a reconocer que debajo de mi comportamiento adictivo existía un sentimiento de miedo e inadecuación. Ella me ayudó a practicar describir el sentimiento. Con su guía, pude explicarle que tenía el sentimiento profundamente enterrado en el pecho, como si fuera una bola apretada y enredada de estambre gris. Esta descripción me ayudó muchísimo. Luego Rha me enseñó a sentir esa sensación en mi pecho cada vez que notara que surgía. Ella me sugirió que si me dejaba sentirla por 90 segundos, esta podía modificarse naturalmente. Tenía razón. Cada vez que esa sensación se presentaba, mi respuesta inmediata era sentir urgencia por recurrir a un patrón adictivo. Pero entonces elegí sentirla profunda y completamente. Ante la presencia de ese sentimiento sincero, pude permitir que pasara a través de mí naturalmente. Al final estaba libre.

Esta práctica cambió mi vida para siempre. Me enseñó que era seguro experimentar los sentimientos de mi pasado. Después de respetarlos de verdad, podía liberarme de ellos. Y una vez que ya no tenía miedo a sentir, dejé de huir del miedo. Podía simplemente estar presente en la experiencia del momento.

Tú también puedes liberarte de tus patrones negativos, una vez que te hayas permitido sentir en verdad los sentimientos que yacen debajo de ellos. Comienza esta práctica inmediatamente. La próxima vez que te caches experimentando miedo o enganchada a un patrón adictivo, tómate un momento para permitirte sentir las sensaciones en tu cuerpo. Descríbelas a detalle (un nudo apretado de acero en tu estómago, una tirantez helada en tu mandíbula, una vibración ronca en tu pecho) para que puedas identificarlas cuando surjan. Luego, tómate 90 segundos para inhalar y exhalar de manera profunda, permitiéndote experimentar el sentimiento totalmente. No niegues el sentimiento ni lo reprimas. Solo debes estar presente con este. Luego de 90 segundos observa el cambio en tu cuerpo, tu mente y tus acciones.

Practica esta herramienta los más seguido posible y experimentarás un cambio milagroso.

MENSAJE MILAGROSO #92:
SENTIR CONSCIENTEMENTE TUS SENTIMIENTOS TE LIBERA.
#MILAGROSAHORA

#93: Medita con un mala

A estas alturas del libro, ¡tu mentalidad milagrosa ya está encendida! Con todas estas fabulosas técnicas en tu bolsillo, es probable que estés listo para una meditación profunda. Una gran herramienta para mejorar tu práctica de meditación es un mala, o sea, un rosario que se utiliza para la oración. Un mala tiene 108 cuentas (los hay también de 54 o de 27 cuentas, o de algún otro número divisible entre 9). Las cuentas están separadas entre sí uniformemente en un hilo de seda, y una cuenta grande (la cuenta del gurú) ata el mala junto con una borla, la cual representa mil pétalos de loto.

Meditar con un mala puede ser una experiencia genial. Esta práctica junta muchas de las tradiciones Kundalini en una sola meditación: Naad yoga (o Nada yoga: la recitación de sonidos sagrados), terapia con gemas, acupresión y una meditación contemplativa profunda.

Si te sientes listo para profundizar tu práctica de meditación, comienza por conseguir un mala hoy mismo. Yo te guiaré en el proceso de aprender a usarlo.

Para comenzar, usemos un mantra que ya conoces: *Saa, Taa, Naa, Maa*. Puedes sostener el mala en cualquier mano, tocando la primera cuenta que sigue a la cuenta del gurú. Luego recita el mantra *Saa, Taa, Naa, Maa* mientras sostienes cada cuenta entre el pulgar y alguno de los otros dedos, pasando de una cuenta a la siguiente con cada sonido. Ve pasando con el pulgar cada cuenta sobre los demás dedos mientras recitas el mantra. Cuando llegues a la cuenta del gurú, di una oración especial y comienza de nuevo.

Al usar distintos dedos por debajo de las cuentas que vas pasando, puedes estimular puntos meridianos que afectan diferentes partes del cerebro. Cuando presionas las cuentas contra el punto meridiano en tu dedo puedes experimentar resultados específicos. Cada meridiano se localiza en la parte lateral de cada dedo, entre el punto central y el nudillo superior. Aquí te describo lo que cada punto meridiano estimula:

- Dedo índice (dedo de Júpiter): Sabiduría, conocimiento, prosperidad.
- Dedo medio (dedo de Saturno): Paciencia.
- Dedo anular (dedo del Sol): Salud, vitalidad, un sistema nervioso fuerte.
- Meñique (dedo de Mercurio): Comunicación, inteligencia.

Elige un punto meridiano sobre el que quieras trabajar y comienza hoy tu meditación con el mala. Recuerda que esta meditación te ayudará a profundizar tu conciencia espiritual y a mejorar tu capacidad para entrar en quietud. ¡Relájate, concéntrate y disfruta!

MENSAJE MILAGROSO #93:
LA MEDITACIÓN CON EL MALA PROFUNDIZA MI CONCIENCIA.
#MILAGROSAHORA

#94: Conversa con el universo

Yogui Bhajan dijo: "Orar es hablar con Dios. Meditar es permitir que Dios te hable". De adolescente, atrapada en una crisis existencial, recurrí a la meditación para liberarme de mis miedos y reconectar con la paz. En plena adicción a las drogas, usaba la meditación para hallar mi camino de vuelta hacia la verdad. Hoy, como la Spirit Junkie (adicta al espíritu) que soy, uso la meditación para recibir de Dios inspiración y guía. A algunos de ustedes les puede parecer que el concepto de escuchar a Dios es un tanto alucinado, en especial si no son religiosos o se identifican con ser ateos. Pero como ya saben a estas alturas, soy una firme creyente en la importancia de que todos creemos en un Dios propio según nuestro entendimiento. Yo creo que Dios es la fuerza divina del amor que reside en todo. Esa fuerza nos puede guiar y comunicarse a través de nosotros cuando estamos quietos. En la quietud podemos recibir humildemente Dirección Buena y Ordenada de nuestra voz del amor interna.

Pasar tiempo en quietud, dejando que Dios te hable puede resultar ser tu mayor fuente de fortaleza en estos tiempos caóticos. Yo puedo testificar sobre lo poderoso que es este camino. Y no he renunciado de ningún modo a lo mundano para desarrollar mi práctica espiritual. De hecho, he acogido al mundo por completo. Pero, para equilibrar el salvajismo del mundo externo debemos activar nuestro mundo interno. De este modo el amor es el que nos conduce y no nuestro ego.

Para este momento ya no eres más un novato cuando se trata de meditación (si lo sigues siendo, está bien. Puedes comenzar a practicar ahora). Es probable que hayas meditado unas cuantas ocasiones, y quizá hayas establecido una práctica regular usando las meditaciones ofrecidas en secciones anteriores del libro. Así que entiendes lo que estoy transmitiendo cuando te digo que una de las mejores formas de dejar que el amor guíe es a través de la meditación. Existe una meditación Kundalini que nos ayudará a profundizar nuestra conexión con Dios, y a fortalecer nuestro lazo con nuestro poder interno. Esta práctica es la meditación para conocer la experiencia de Dios. Así es como va:

Siéntate en Postura Fácil con la columna recta.

Coloca tus manos sobre las rodillas y lleva la yema de cada pulgar a que toque el dedo anular (este es el Surya mudra, como se muestra en la imagen). Surya significa "sol", y este mudra enciende la energía, la salud y la intuición.

Respira hondo a tu propio ritmo. A lo largo de esta meditación, fija la intención de comunicarte con el universo. Acepta que la voz de la inspiración te inunde.

Se sugiere que escuches el mantra "Rakhe Rakhanhar" mientras estás sentado en quietud. Este te ofrece protección contra fuerzas negativas que pueden bloquear tu camino, para que te puedas comunicar claramente con el universo. Puedes descargar este mantra en Gabbyb.tv/Miracles-Now.

Puedes practicar esta meditación durante el tiempo que desees, aunque se sugiere que sea por 11 minutos. Si te cuesta trabajo sentarte en quietud tanto tiempo, comienza con un minuto y poco a poco ve alargando la duración.

Yo he experimentado muchos beneficios de esta meditación. Me ha dado mucho más intuición y, al mismo tiempo, ha acelerado la sincronicidad. La guía que necesito recibir me llega más claramente. Una vez practiqué esta meditación durante un periodo de retrogradación de Mercurio. Esta fase astrológica puede ser complicada para la comunicación, pero al usar esta meditación logré zanjar la confusión y comunicar mis pensamientos y deseos con claridad.

Usa esta meditación para enriquecer tu comunicación con el universo, con tu sistema de guía interno y con el mundo.

Mensaje milagroso #94:
"Orar es hablar con Dios.
Meditar es permitir que Dios te hable".
(Yogui Bhajan)
#YoguiBhajan #MilagrosAhora

#95: No necesitas buscar tu verdadero propósito; este te encontrará a ti

Con frecuencia escucho a gente quejarse de que no sabe cuál es su verdadero propósito en la vida. Son personas que se sienten confundidas, desconectadas y fuera de su centro. ¿Te suena conocido? Puede ser frustrante levantarte cada mañana sintiendo que no tienes un rumbo fijo. En muchos casos veo que algunas personas presionan y controlan sus acciones para demostrarse a ellas mismas y al mundo que son valiosas, poderosas y útiles. El ego nos hace pensar que nuestro verdadero propósito está fuera de nosotros, escondido detrás de una credencial, un puesto o una misión altruista. La búsqueda externa de un propósito puede conducir a mucho conflicto interno. Cuando buscamos significadores externos de un propósito, por lo general terminamos sintiéndonos vacíos y decepcionados.

He llegado a entender que en realidad no salimos a buscar y encontrar nuestro verdadero propósito. Más bien, ese propósito está destinado a encontrarte a ti. Cuando seguimos un camino espiritual y quitamos las capas del ego que hemos construido para tapar nuestra verdad interna, empezamos a hallar lo que hemos estado buscando. Descubrimos así lo que es veraz y real para nosotros. En ese espacio de veracidad es donde comenzamos a recibir guía. A algunas personas se les guía para servir al mundo a través de sus carreras profesionales. Otros son guiados para traer hijos al mundo. A unos más se les guía para llevar a cabo actos de perdón radicales. No importa a qué tipo de acción se te guíe; lo más relevante es que tu intención sea traer más amor al mundo de algún modo. Cuando te conduces desde un espacio de amor, es entonces que comienzas a vivir en tu verdadero propósito.

La próxima vez que te enganches en la idea de que necesitas "encontrar tu verdadero propósito", solo recuerda que no necesitas encontrar nada. Mantente en tu camino espiritual y confía en que tu verdadero propósito te está encontrando a ti. Confía en que el crecimiento espiritual y la conciencia interna es todo lo que necesitas recibir. La Dirección Buena y Ordenada se está moviendo hacia el amoroso propósito de tu vida. Sé paciente y comprométete a vivir en amor y a dirigir desde la verdad.

MENSAJE MILAGROSO #95:
NO NECESITAS BUSCAR TU VERDADERO PROPÓSITO; ESTE TE ENCONTRARÁ A TI.
#MILAGROSAHORA

#96: Tus ojos verán lo que deseas

Cada uno de los ejercicios en este libro está diseñado para ayudarte a recalibrar tu energía y redefinir tus pensamientos para que así el universo pueda reorganizar tu vida. Es posible que no te sientas cómodo creyendo que tus pensamientos y tu energía crean tu realidad. Sin embargo, si has estado tomando en serio estos principios, probablemente estarás experimentando cambios positivos tanto internamente como de forma externa. Cada transformación es un milagro. Permite que estos cambios sutiles te inspiren para tener más fe en el poder de tus deseos.

Ya has descubierto y comprendido que tus pensamientos y energía pueden afectar tu vida, así que es hora de comenzar a cocrear tu realidad. Entre mejor entiendas cómo funciona la energía, más fácil será cambiar tus circunstancias en un instante. Por ejemplo, una mañana iba en un taxi con una amiga. Me dirigía a una junta y ella se dirigía a su trabajo. Podía sentir que su energía era muy baja y parecía estar un tanto deprimida. Su baja vibra me estaba deprimiendo a mí también. Cuando le pregunté qué le sucedía, me explicó que se sentía mal por tener que ir a trabajar. Estaba molesta por el calor veraniego y su interminable lista de pendientes. Le pregunté si le gustaría redefinir su experiencia e intentar cambiar su estado anímico. Me sonrió a medias y me dijo: "Sí, por favor". Le ayudé a ver todas sus bendiciones y a centrarse en lo que estaba funcionando bien en su vida. En tan solo un minuto, cambió sus pensamientos para salir de su actitud negativa y se reanimó a sí misma.

Más tarde ese mismo día, mi amiga me envió un mensaje que decía: "¡Gracias por salvar mi día!". Yo le contesté lo siguiente: "Tus ojos verán lo que deseas". Este discreto recordatorio es algo que podemos usar con más frecuencia. Casi siempre experimentamos lo que deseamos vivir, independiente de nuestras circunstancias externas. En el caso de mi amiga, nada cambió afuera. Seguía haciendo calor, su lista de pendientes seguía siendo larga, y aún iba de camino a su trabajo. Lo único que cambió fue su deseo de ver felicidad en lugar de negatividad. Eso fue un milagro.

A estas alturas de tu práctica como obrador de milagros, estás ya preparado para crear proactivamente más cambios en tu vida. Comienza ahora. ¿Qué estás pensando? ¿Qué estás sintiendo? ¿Y cómo es que tus pensamientos y sentimientos están afectando tu situación actual? Si tus pensamientos y energía son positivos, pregúntate qué puedes hacer para que sean aún más fabulosos. Si tus pensamientos y energía te están afectando negativamente, comienza con el proceso de redefinición. Desea algo distinto. Elige ver lo positivo, centra tu atención en la gratitud y abre una nueva perspectiva. Cuando te veas envuelto en una historia negativa, haz el ejercicio de redefinición. Redirige tus pensamientos hacia lo que está funcionando y fluyendo bien en tu vida, hacia lo positivo. Cuando centras tu atención en lo que sí fluye, fluirás con eso también.

Sé responsable de tu propia felicidad. Hacerlo es un regalo que te das a ti mismo y le ofreces a los demás. Entre más feliz seas, más positivismo das al mundo.

MENSAJE MILAGROSO #96:
TUS OJOS VERÁN LO QUE DESEAS.
#MILAGROSAHORA

#97: Respira como perro y estimula tu sistema inmunológico

¿Te llamó la atención este título? Quizá te estés riendo al imaginarte a un labrador jadeando, pero te prometo que esto no es una broma. Te voy a presentar una poderosa meditación Kundalini que te ayudará a estimular tu sistema inmunológico respirando como perro. Es tu responsabilidad cuidar tu sistema inmunológico para que puedas disfrutar de la vida y compartir tu alegría con el mundo. Practica esta meditación cuando sientas que tu constitución física se debilita, o practícala diariamente para mantener tu salud general.

Así es como funciona:

- Siéntate en *postura fácil*, presionando hacia afuera tu barbilla y tu pecho. Saca la lengua por completo y respira rápidamente por la boca, manteniendo la lengua fuera todo el tiempo. Esta es la *respiración del perro*. Practícala de 3 a 5 minutos.

- Para terminar la meditación, inhala y sostén la respiración por 15 segundos mientras presionas firme la lengua contra el paladar superior. Repite esta respiración final dos veces más.

Este es un ejercicio poderoso. Cuando sientas un cosquilleo en los dedos de los pies, en los muslos y en la espalda baja, será la señal clara de que lo estás haciendo correctamente.

Tu salud es fundamental para que te sientas feliz y realizado. Usa esta meditación para mantener a raya las infecciones y conservar un sistema inmunológico fuerte.

Mensaje milagroso #97:
Tu salud es fundamental
para que te sientas feliz y realizado.
#MilagrosAhora

#98: Refrena tu pluma y tu lengua

¿Alguna vez has tenido uno de esos momentos en los que desearías poder borrar un correo que recién enviaste o rebobinar una conversación que acabas de tener? Siempre que reaccionamos impulsivamente cortamos la conexión con nuestro sistema de guía interno y reaccionamos a partir del ego. Ya sea que estemos respondiendo con una actitud desagradable, reaccionando con rabia o simplemente hablando de más, nunca es una buena idea reaccionar irreflexivamente.

Bill Wilson, el cofundador de Alcohólicos Anónimos dijo alguna vez: "Nada compensa tanto como refrenar la pluma y la lengua". Su sugerencia me salvó en muchas ocasiones. Yo solía ser muy reactiva, lo cual nunca tenía buenos resultados para mí. Inevitablemente, responder basándome en mi primer impulso me llevaba a sentir remordimiento y a complicar aún más cualquier tema que estaba tratando. Aunque me fue difícil al principio, aprender a refrenar mi pluma y mi lengua se convirtió en una bendición en mi vida, y me salvó de muchos problemas innecesarios.

Si tú también tiendes a ser reactivo, te sugiero que pruebes esta herramienta. La próxima vez que quieras reaccionar impulsivamente ante una situación dada, haz tres respiraciones largas y profundas. Usa tu respiración yóguica e inhala profundo expandiendo tu diafragma y la parte posterior de tus costillas. En la exhalación, deja que tu diafragma se contraiga. Tomarte unos cuantos minutos para centrarte en tu respiración permite que se atenúe la carga emocional que aviva la reacción enardecida; de esta forma calmas tu mente. Una vez que termines con las tres respiraciones, pregúntate qué respuesta o reacción es más amorosa. Tómate un momento para permitir que la inspiración te hable y te guíe. En un instante puedes recibir una guía más elevada que puede salvarte de muchos conflictos innecesarios y desagradables. Cuando hayas pasado este momento de autorrescate, di para ti mismo: "Elijo refrenar mi pluma y mi lengua".

MENSAJE MILAGROSO #98:
"NADA COMPENSA TANTO
COMO REFRENAR LA PLUMA Y LA LENGUA".
(BILL WILSON)
#MILAGROSAHORA

#99: Deja de obsesionarte

Es muy fácil enloquecer cuando tu agenda perfectamente planeada se sale de control. Tu ego se apega a ciertos resultados y circunstancias: necesita con desesperación que tus relaciones duren, que tu trabajo esté asegurado para siempre, incluso se obsesiona con algo tan mundano como el brillo del sol, pues un día lluvioso puede arruinarlo todo. El ego intenta controlar los resultados sin tomar en cuenta lo impotentes que somos para hacerlo. Esta necesidad de controlar es un factor primordial del estrés en la vida y afecta tu bienestar y tu felicidad.

Algunas personas se atormentan tanto con controlar los resultados, que sus pensamientos obsesivos las paralizan. Por ejemplo, algunos se obsesionan con los planes de un viaje muchos meses antes de que este se realice.

Otros se enloquecen con el resultado de una relación aunque esta vaya funcionando bien. Este patrón me es muy conocido, pues yo soy una obsesiva en recuperación. Yo solía obsesionarme al punto de terminar exhausta. Vivía en un estado constante de falta de fe. Creía que si no controlaba una situación, nunca funcionaría como yo deseaba. Irónicamente, mi comportamiento controlador, de hecho, se interponía a los resultados que yo deseaba. Mi energía era frenética, controladora y temerosa.

Si eres de los que pasa los días y noches (también nos ofuscamos en sueños) obsesionándose por los resultados, es hora de redirigir tu energía.

Cuando somos en exceso controladores, estamos desalineados de nuestro espíritu y nos enfocamos únicamente en lo que podemos hacer como individuos en un cuerpo. La razón por la que tratamos de controlar los resultados es que nos atemoriza que si no intervenimos para que algo suceda, nadie lo hará.

Cuando este sentimiento se posesiona de ti es una señal clara de que no confías en la energía del universo. Todos los ejercicios en este libro te han guiado para que accedas a la energía omnipresente del universo, esa energía que apoya cada una de tus acciones. Es posible acceder a esa energía mediante las intenciones, la oración, la meditación y las acciones orientadas al servicio. Esa energía es tu verdadero poder cuando te sientes indefenso. La clave para liberarte de tu necesidad de controlar todo es aceptar que existe un poder superior a ti, trabajando de tu parte para ayudarte en tus circunstancias. El siguiente paso es poner atención consciente para acceder a ese poder a través de tus pensamientos, oraciones e intenciones.

Para que puedas entrar de nuevo en la onda de la energía universal, vamos a utilizar una herramienta fabulosa que te ayudará a renunciar a tu necesidad de controlar: Haz una lista de las cosas que intentas controlar. Junto a cada tema escribe lo siguiente: *No tengo poder sobre esta situación y la entrego al universo*. Lleva esta lista contigo. Cuando te veas obsesionándote por algo, saca tu lista para recordarte a ti mismo de tu incapacidad en esa situación, y de la oportunidad de renunciar a controlarla. Voy a ser clara: No estoy insinuando que no tengas dominio sobre tus propias acciones; pero una vez que tomas una iniciativa, debes renunciar al resultado. Apóyate en tu lista siempre que necesites una herramienta para cambiar la energía en un momento dado. Lo único que necesitas para experimentar milagros es la simple intención de renunciar al control.

MENSAJE MILAGROSO #99:
LO ÚNICO QUE NECESITAS PARA EXPERIMENTAR MILAGROS ES LA SIMPLE INTENCIÓN DE RENUNCIAR AL CONTROL.
#MILAGROSAHORA

#100: Energízate cuando te falta sueño

En ejercicios anteriores te conté que creo que el sueño es una práctica espiritual. Tenemos una vida muy ocupada, y a veces no conseguimos las suficientes horas de sueño que nuestro cuerpo realmente necesita. Cuando estoy de gira promocionando un libro suelo funcionar con la mitad de horas de sueño. Por esa razón, he tenido que buscar herramientas que recalibren mi energía para mantenerme alerta, inspirada y dinámica. Cuando estaba en la gira para promocionar mi libro *May Cause Miracles* (*Puede causar milagros*) usé una increíble asana (postura de yoga) Kundalini como sustituto del sueño. Yogui Bhajan enseñó que hacer la Postura de la Vela durante 15 minutos equivale a 2 horas de sueño porque te relaja profundamente. Aunque esta postura no es un sustituto a largo plazo del sueño, sí puede ser de gran ayuda cuando no consigues suficientes horas de sueño.

Para hacer la Postura de la Vela, recuéstate sobre la espalda y lleva la columna y las piernas hasta una posición vertical, apoyando tus manos en la zona lumbar (a la altura de los riñones). Los hombros y codos soportan el peso de tu cuerpo (trata de llevar las piernas lo más verticalmente que puedas, y asegúrate de que tu peso esté sobre los hombros y no sobre el cuello). Si se te dificulta esta postura, haz una inversión más sencilla. Coloca una almohadilla o dos mantas gruesas dobladas debajo de tu espalda inferior y eleva las piernas contra una pared. Mantente en esta posición el mayor tiempo que puedas, inhalando y exhalando por la nariz. Prueba hacerla durante un minuto y ve alargando el tiempo de la postura hasta llegar a 15 minutos.

Si tienes problemas para conciliar el sueño, te tengo otra herramienta Kundalini que a mí me ha ayudado mucho. Ya que estés acostado en la cama sobre tu espalda, mantén los talones sobre la superficie mientras inhalas y exhalas profundamente por la nariz. En la inhalación, estira los dedos de los pies en dirección a tu cabeza mientras repites mentalmente: Sat. En la exhalación, junta los dedos de los pies y repite mentalmente: Nam. Continúa esta práctica durante 3 minutos. Unos instantes después te habrás quedado dormido.

MENSAJE MILAGROSO #100:
15 MINUTOS EN LA POSTURA DE LA VELA
EQUIVALEN A 2 HORAS DE SUEÑO.
#YoguiBhajan #MilagrosAhora

#101: Vive en una zona libre de juicios

¿Has pasado un día sin hacer juicios? Yo, por lo menos, puedo decir que no. Aunque no me considero una persona sentenciosa, me sorprendo a mí misma juzgando todo el día: a mí misma, a la gente que conozco, a la que no conozco, y así por el estilo. *Un curso de milagros* dice que "el ego no puede sobrevivir sin hacer juicios".

Hacer juicios crea separación. Desde la perspectiva del *Curso,* la separación ocurre cuando nos desconectamos de la Unidad. Juzgar refuerza la ilusión de que estamos separados de los demás, y que esa separación nos hace sentir más o menos especiales que otras personas. Estas ilusiones particulares crean negatividad en las relaciones. Cuando nos juzgamos a nosotros mismos, estamos implicando que somos menos que los demás, inferiores en algún modo o por completo. Cuando hacemos juicios de los demás, estamos sugiriendo que son "menos que...". El hacer juicios y la separación nos hacen sentir muy mal. Nos sentimos aislados, competitivos y desconfiados. Invertimos mucho tiempo y energía en comparar y en atacar. Y peor aún, juzgar engendra más juicios para que la ilusión de la separación de mantenga viva. Se trata de un círculo vicioso.

El *Curso* dice que: "El ego siempre trata de dividir y separar. El Espíritu Santo, de unificar y curar". Aunque juzgar pueda ser nuestra condición básica, la unidad es nuestra verdad. En el momento en que nos liberamos de hacer juicios, recuperamos la unidad. Todo cambio del juicio hacia la unidad es un milagro.

El patrón de hacer juicios no puede eliminarse de inmediato. Yo sigo batallando con él todos los días aunque sea el comportamiento opuesto a lo que yo creo. Tu compromiso con ver el amor es lo que más importa. Con tu deseo de reconectar con la verdad que yace en tu interior, puedes comenzar usando una afirmación del libro de ejercicios del Curso. Cada vez que te veas a ti mismo juzgando a otros o a ti mismo, simplemente di: "Puedo escaparme del mundo que veo renunciando a los pensamientos de ataque". Esta afirmación te recuerda que cuando dejas ir un pensamiento de ataque, puedes reconectar inmediatamente con el amor. Usa esta práctica a diario y permite que se convierta en un nuevo patrón para elegir el amor en lugar del juicio.

MENSAJE MILAGROSO #101:
"PUEDO ESCAPARME DEL MUNDO QUE VEO RENUNCIANDO A LOS PENSAMIENTOS DE ATAQUE".
#UCDM #MILAGROSAHORA

#102: Siempre que estés dudando, imagina la escena

Cambiar un mal hábito puede parecer muy difícil al principio. Los cambios reales requieren compromiso y la repetición del nuevo comportamiento. Al estar en el proceso de adoptar un comportamiento diferente, tendremos muchos momentos en los que nuestro ego quiera intentar disuadirnos. Por ejemplo, en mi primer año que dejé el café, luchaba conmigo misma cada vez que pasaba frente a una cafetería y olía el aroma de los granos y del café recién hecho. Las tentaciones diarias me llevaron momentáneamente a contemplar la idea de comprar una taza de café caliente. Mi adicción al café sobrepasaba por mucho mi fuerza de voluntad.

Finalmente, el deseo de ir por una taza de café fue tan fuerte que estuve a unos segundos de recaer. Para poder protegerme de caer de nuevo en un patrón que no me funcionaba, recurrí a una técnica para recuperar mi sano juicio. Cuando me cachaba a mí misma a punto de entrar en una cafetería, imaginaba cómo se desarrollaría esa situación. Primero me veía tomando el café. Luego me veía tan alterada por la cafeína, que apenas si podría comunicarme con los demás, pues me estaría sintiendo frenética. Después, adelantaba la escena media hora más hasta mi crisis postcafeína. Mi energía estaría por los suelos y me sentiría pasmada el resto del día. Además, me dolerían el estómago y la cabeza, y sería totalmente improductiva. Así era un típico día para mí cuando bebía café. Así que imaginar la escena fue muy sencillo porque me era bien conocida. Después de 3 minutos de visualizar la desagradable secuencia de eventos, podía alejarme fácilmente de la cafetería e irme directo al local de jugos.

Nuestro ego es muy astuto para borrar la verdad que está detrás de nuestra decisión de hacer un cambio positivo. Es por esta razón que es tan fácil recaer en los viejos comportamientos. Nos empezamos a dar permiso para regresar a ellos de nuevo, y perdemos de vista el porqué decidimos dejarlos. Quizá estés a punto de prepararte un trago luego de 90 días de sobriedad, o tal vez estés a punto de mandarle un mensaje a esa pareja romántica que sabes que te hace daño. Cualquiera que sea el asunto, siempre que estés dudando, imagina cómo se desarrollaría la escena. Visualiza tu comportamiento en la historia completa, no solamente en la parte divertida en la que estás súper excitado con la cafeína o embriagado con una cerveza. Imagina la historia hasta el final, cuando entras en crisis y te derrumbas. Tu honestidad y voluntad para recordar lo que es real te salvará cuando quieras recaer.

MENSAJE MILAGROSO #102:
SIEMPRE QUE ESTÉS DUDANDO,
IMAGINA LA ESCENA.
#MILAGROSAHORA

#103: ¿Cómo sería tu vida si supieras que estás siendo guiado?

Gran parte de la ansiedad, del estrés y conflicto que experimentamos viene de nuestra falta de fe en el universo. Creemos que necesitamos intervenir en todo para que las cosas sucedan y planear cada detalle para sentirnos seguros. Vivimos nuestra vida siendo controlados por los resultados y los planes futuros. Por momentos podemos reconectar con el flujo del universo, como cuando nos sentimos tranquilos sobre un almohadón de meditación, contemplando la quietud de un lago, a mitad de una caminata o sudando en la clase de yoga. Estos fugaces momentos de reconexión nos recuerdan nuestra verdad. Pero, ¿cómo sería la vida si siempre recordáramos que estamos siendo guiados? ¿De qué manera sería distinta?

Para este ejercicio, te sugiero que crees una declaración de la visión. Hasta arriba de una hoja de cuaderno escribe: ¿Cómo sería mi vida si supiera que siempre estoy siendo guiado? Luego dedica 5 minutos a tu respuesta. Pon un cronómetro y escribe asociando con libertad. Suelta tus miedos y pensamientos insignificantes. Entrégate a tus pensamientos creativos e imagina cómo sería tu vida si supieras que estás siendo guiado. Deja que tu pluma fluya.

Cuando se detenga el cronómetro, lee lo que escribiste y respira sintiendo las emociones y sentimientos que surjan mientras lees. ¿Hay sentimientos de incredulidad? ¿O sientes intuitivamente que así es como tendría que ser tu vida? Si sientes aunque sea la mínima sensación de paz después de leer tu declaración de la visión, querrá decir que estás conectando con tu verdad. Hay una parte en cada uno de nosotros que de verdad cree que estamos siendo guiados. El ego se esfuerza al máximo para mantenernos desconectados de esa verdad. Nuestro deber es desaprender el miedo del ego y recordar nuestra fiel verdad.

Permite que la declaración de tu visión te recuerde que siempre estás siendo guiado, incluso cuando las circunstancias son duras. Cuando de plano no puedas ver un resultado positivo de la experiencia que estás teniendo, es imprescindible que confíes en el universo. Tu confianza y fe te ofrecen la oportunidad de aprender, crecer y sanar. A veces pensamos que los tiempos difíciles son un castigo del universo, o decidimos perder totalmente la fe en Dios y en el amor. Cuando las circunstancias son duras, necesitamos más que nunca tener fe. Puede ser que estés pasando por un divorcio, viviendo con una enfermedad o luchando con una decisión difícil. Sin importar cuáles sean tus circunstancias, puedes decidir ahora mismo creer que estás siendo guiado en todo momento. Cuando lo aceptes, podrás vivir realmente feliz y libre. La libertad genuina viene de saber que el universo se está encargando de ti.

Usa lo que escribiste como una declaración de libertad a la que puedes recurrir siempre que dudes. Se trata de un fuerte recordatorio de conexión con el universo y la presencia energética que siempre te está ayudando.

MENSAJE MILAGROSO #103:
PUEDES MEDIR TU FELICIDAD A PARTIR
DEL NIVEL DE FE QUE TENGAS EN EL AMOR.
#MILAGROSAHORA

#104: Enfrenta la verdad

No importa cuánto nos esforcemos por evadir la verdad, el universo siempre nos mostrará lo que es real. Mi querida amiga Danielle dice que: "Quizá no deseamos enfrentar la verdad, pero no podemos estar en un camino espiritual sin dejar de tenerla frente a nosotros". Danielle tiene razón. Cuando nos embarcamos en un viaje espiritual, nos hacemos más conscientes de lo que se siente evadir la verdad.

La verdad siempre saldrá a la luz, y rápidamente. En esta época en la que se ha acelerado la energía y en la que la tecnología todo lo expone, pocas cosas permanecen escondidas. Antes de comenzar nuestro viaje espiritual, tal vez nos sentíamos extrañamente seguros y hasta cómodos viviendo en las mentiras del ego. Pero una vez que estamos comprometidos con el viaje, ese espacio se empieza a sentir muy incómodo y restrictivo.

Conozco mucha gente en caminos espirituales que está abierta a exponer su verdad en algunas áreas de su vida, pero en otras es incapaz de hacerlo. Eso no funciona. Debemos estar dispuestos a enfrentar la verdad en todas las situaciones, no solo las que nos son convenientes. Los recovecos de nuestra vida que están a oscuras necesitan salir a la luz para que podamos desarrollarnos por completo, y convertirnos en los seres poderosos que estamos destinados a ser.

Este libro te ha ayudado a comenzar tu viaje para exponer esos recovecos, para que puedas ser honesto con lo que es real para ti. Ya en esta parte de tu práctica es hora de profundizar aún más en tu verdad. Haz una revisión del viaje que has iniciado con este libro. ¿Qué descubriste sobre ti? ¿Qué has aprendido de ti mismo? ¿Qué es lo que sigues evadiendo? Tómate unos momentos para reflexionar sobre esto. Luego, con toda la sinceridad de la que seas capaz, anota las áreas en las que aún estás negando la verdad. Posiblemente te avergüences; tu corazón puede acelerarse o quizá te saques de onda. Está bien: la honestidad requiere valentía.

Tu honestidad es imprescindible para seguir impulsando tu crecimiento y felicidad. Puede darte miedo observar lo que has estado escondiendo, pero ahora me parece mucho más atemorizante no verlo. Confía en que si fuiste guiado a este libro, en este momento de tu vida, es porque recibiste una invitación a vivir más, sentir más y servir más. Esa invitación requiere que pases honestamente por cualquier situación que te esté deteniendo para que entres de lleno en este camino.

Este es el momento perfecto para renergizar el compromiso con tu práctica. Amma, la santa de los abrazos, dijo alguna vez: "Si un huevo se rompe desde afuera, la vida termina. Si se rompe desde adentro, la vida comienza". Debes estar dispuesto a romperte desde adentro. Establece una nueva intención de ser honesto acerca de las áreas de tu vida que tu ego aún domina. Acepta que estar en un camino espiritual significa renunciar *a todo*, no solamente las áreas que son fáciles de entregar.

El momento de involucrarte de lleno y entregar más es ahora. Perdona a cualquiera de tus padres con quien estás resentido. Hazte cargo de tu adicción. Enfrenta tu miedo más oscuro. Apuesta a lo grande y vuelve al hogar de la verdad que eres.

MENSAJE MILAGROSO #104:
ENFRENTA TU VERDAD O ESTA SE PONDRÁ FRENTE A TI.
#MILAGROSAHORA

#105: La verdadera abundancia es un trabajo interno

En los últimos años se han estado elevando tremendamente el miedo y la inseguridad económica. Es fácil engancharse con la mentalidad de carencia cuando vemos tantos reportes negativos sobre la economía. Centrarse en la carencia genera más carencia —un verdadero círculo vicioso—, mientras que hacerlo en la abundancia, crea más abundancia.

Lo que sentimos en relación con el dinero es una consecuencia directa de lo que pensamos acerca de este. Ese sentimiento emite una energía que puede apoyar o dañar nuestra capacidad para hacer dinero. La energía es moneda de cambio. Si queremos usar nuestra energía para ganar más y tener libertad económica, necesitamos corregir nuestros pensamientos y nuestras creencias.

Hay que empezar despejando los bloqueos, haciéndonos conscientes de ellos. Existen tres grandes bloqueos cuando se trata de la abundancia. El primero es la mentalidad de carencia: es la creencia de que nunca habrá suficiente. Las personas que languidecen en esta mentalidad están convencidas de que nunca alcanzarán la abundancia y de que tendrán que luchar siempre para sentirse seguras. El segundo bloqueo importante es la creencia de que tener una cantidad dada de dinero te hace "ser mejor que...". La gente que le da mucha importancia al dinero se considera insuficiente o "menos que..." si no llega a tener mucho y la que sí lo tiene, no lo puede disfrutar porque teme perderlo o porque tiene menos que alguien más. La última manera en que el miedo bloquea nuestra capacidad para ganar dinero es la creencia de que no hay suficiente para que alcance; se cree que solo un número limitado de personas puede llegar a experimentar la abundancia, y que esta tiene un límite.

A lo largo del día observa tus pensamientos, tu energía y comportamiento en relación con el dinero. Cuando notes un pensamiento de temor acerca del dinero, aprovecha para crear un cambio de percepción. De inmediato perdónate por tener ese pensamiento y elige verlo de manera distinta. Quizá te descubras a ti mismo mirando con ganas un aparador de tienda, pensando: "Desearía que me alcanzara para comprarme esos fabulosos zapatos". En ese instante elige un nuevo pensamiento, algo así como: "Agradezco lo que *sí* tengo y elijo no centrarme en lo que carezco". Este simple cambio puede redirigir tu energía y aumentar tu gratitud y positivismo. Puede ser que, de repente, veas el café que te estás tomando de una forma totalmente distinta, o que te fijes que en realidad te gustan los zapatos que llevas puestos.

Tu verdadera abundancia comienza con tu sistema de creencias. Marie Forleo, fundadora de la escuela Rich Happy & Hot B-School, dice: "Comprométete a corregir tus creencias y tu comportamiento en relación con el dinero, y estarás en camino de disfrutar una vida de verdadera riqueza, interna y externamente".

MENSAJE MILAGROSO #105:
LA VERDADERA ABUNDANCIA
ES UN TRABAJO INTERNO.
#MILAGROSAHORA

#106: Repetir un nuevo comportamiento crea un cambio permanente

Cuentas ya con una caja de herramientas con más de 100 técnicas para atacar el estrés, modificar tu estado anímico y tener paz. Tendrás estas herramientas a la mano siempre que las necesites. Para llevar tu práctica más lejos, profundicemos en uno de estos ejercicios para que se vuelva una segunda naturaleza para ti. El cambio sostenible se da con disciplina, compromiso y repetición.

Recuerda que Yogui Bhajan dijo que 90 por ciento del trabajo es simplemente estar presente y dispuesto. Para este principio, haz tiempo para estar presente y dispuesto de corazón en alguno de los ejercicios que te hayan inspirado. Revisa con atención cada ejercicio y escoge el que más necesites en este momento. No elijas el que parezca más fácil o sea más conveniente, sino el que más necesites ahora. Luego establece la intención de practicarlo con regularidad durante los próximos 40 días. Si fallas en el intento, comienza de nuevo desde el principio.

Date la oportunidad de empaparte de la práctica. Métete de lleno en ella y deja que te envuelva. Aprópiate de la herramienta a medida que usas la repetición como guía para crear un cambio permanente. En 40 días puedes desviar las vías nerviosas en tu cerebro para crear cambios permanentes. Yogui Bhajan dijo que practicar 40 días seguidos terminará con cualquier hábito negativo que bloquee tu expansión.

Si te sientes llamado a llevar tu ejercicio aún más lejos, puedes seguir repitiéndolo. Yogui Bhajan también dijo que practicar durante 90 días establece un nuevo hábito tanto en tu consciente, como en tu subconsciente; te cambia de manera muy profunda. Y si practicas durante 120 días seguidos, estarás confirmando ese nuevo hábito. Ahora bien, si lo haces durante 1000 días seguidos, dominarás la práctica.

Con la repetición estableces una conexión profunda con la práctica. No importa con qué desafíos te enfrentes, siempre podrás recurrir a tu práctica para recibir ayuda.

Yogui Bhajan enseñaba que un hábito es una reacción en cadena subconsciente entre la mente, el sistema glandular y el sistema nervioso. Nuestros hábitos más profundamente arraigados se desarrollan a una edad muy temprana. Algunos de ellos te son útiles y otros no. Al hacer tu práctica de 40, 90, 120 o 1000 días, puedes renovar las conexiones de esa reacción en cadena, y desarrollar así hábitos nuevos y poderosos que servirán a tu bien supremo.

MENSAJE MILAGROSO #106:
PUEDES DESARROLLAR HÁBITOS NUEVOS
Y PODEROSOS QUE SERVIRÁN A TU BIEN SUPREMO.
#MILAGROSAHORA

#107: Enseñar es aprender

Como estudiante espiritual, creo que firmamos un juramento invisible para ser maestros de alguna manera. Al acrecentar nuestra conciencia interna y ser testigos del florecimiento de nuestras vidas, probablemente sintamos el deseo de repartir amor. Cuando compartimos nuestros regalos espirituales, estos aumentan. *Un curso de milagros* dice que: "Enseñar es aprender". Como maestra del *Curso*, puedo afirmar que esto es verdad. Yo he visto que mi conciencia y fe han crecido inmensamente gracias a mi compromiso con ser maestra.

Muy al principio de los estudios del *Curso*, leí que los estudiantes aparecen cuando el maestro está listo. Este fue mi caso. Tan pronto como me comprometí a compartir la información que estaba estudiando, mis alumnos comenzaron a aparecer. Vinieron en la forma de aprendices, familiares y, en muchos casos, miembros de la audiencia cuando comenzaba a compartir los mensajes mediante conferencias y videos. Cuando estás en un camino espiritual, enseñar a otros se da naturalmente. No necesitas solucionar a quién enseñarle o hacia dónde dirigirte. En lugar de eso, sigues siendo un alumno humilde dispuesto a compartir los hermosos regalos que has recibido.

En algunas partes de mi viaje espiritual cuando decidía aprender más, era guiada para enseñar más. Por ejemplo, antes de descubrir el yoga Kundalini y la meditación, sentí un fuerte impulso para elevar mi propia práctica. Aunque ya tenía siete años siendo maestra espiritual, yo buscaba una experiencia del espíritu más visceral. Recé para aprender más. Rápidamente mis oraciones fueron escuchadas y me invitaron a una clase privada de Kundalini, presentada por una querida amiga. Ni siquiera me gustaba el yoga, pero había una voz dentro de mí que me decía: ¡Muévete ya y ve a esa clase! Desde el instante que conocí a mi maestra, Gurmukh, y experimenté la tecnología del Kundalini, supe que no solo estaba destinada a ser una estudiante dedicada, sino también maestra de Kundalini.

Tan solo con un mes de clases de Kundalini, comencé a decir en voz alta (a todos, incluyendo a los asistentes a mis conferencias) que iba a convertirme en maestra de Kundalini. No tenía idea de dónde venía este anuncio. El espíritu hablaba a través de mí, haciéndome responsable del compromiso que estaba anunciando a miles de personas en salones de conferencias y por el Twitter. Estaba siendo llamada para enseñar.

Luego, una tarde en clase de Kundalini, comencé a escuchar a mi voz interna decir: Es hora de enseñar, es hora de enseñar. Inmediatamente terminando la clase, agradecí a la maestra. Ella me miró y dijo: "Gabrielle, conozco tu trabajo. Creo que debes enseñar Kundalini". Le sonreí y acepté el memo del universo. 24 horas después me inscribí en un entrenamiento de 270 horas para ser maestra de yoga y meditación Kundalini.

Convertirse en maestro espiritual no es una elección propia. Es un compromiso inconsciente que hacemos con el universo. No se trata de algo que hacemos, es algo que nos sucede. Todos podemos enseñar a nuestra manera. No necesitas ser autor de un libro de autoayuda y conferencista motivacional para ser maestro espiritual. Solo necesitas ser estudiante espiritual con el deseo de servir. Yogui Bhajan afirmó que: "Si quieres aprender algo, lee sobre eso. Si quieres entender algo, escribe sobre eso. Si quieres dominar algo, enséñalo". Has llegado hasta aquí y es probable que estés escuchando el llamado a enseñar. No niegues la voz interna. No la alejes con creencias limitantes como: "No estoy listo para ese entrenamiento para ser maestro", o "¿Quién soy yo para compartir estas herramientas?". Esas ideas son un montón de tonterías. Cuando decides compartir tus regalos, el espíritu te dará todo lo que necesitas para facilitar el proceso.

Los principios contenidos en este libro están diseñados para ser compartidos, pues el mundo necesita desesperadamente más luz. Cuando se te llama a compartir la conciencia espiritual que ya tienes, no dudes en hablar fuerte y claro. Sé el faro. Bajo tu luz, otras personas se iluminarán.

Un curso de milagros nos enseña que: "El milagro es un servicio. Es el máximo servicio que le puedes prestar a otro. Es una manera de amar al prójimo como a ti mismo, en la que reconoces, al mismo tiempo, tu propia valía y la de él". Necesitamos más obradores de milagros para equilibrar la energía de estos tiempos. Te necesitamos.

MENSAJE MILAGROSO #107:
"SI QUIERES APRENDER ALGO, LEE SOBRE ESO.
SI QUIERES ENTENDER ALGO, ESCRIBE SOBRE ESO.
SI QUIERES DOMINAR ALGO, ENSÉÑALO".
(YOGUI BHAJAN)
#YoguiBhajan #MilagrosAhora

#108: Tú eres el gurú

Hemos llegado muy lejos en este viaje. Ya puedes sentirte bien equipado para manejar con éxito las áreas difíciles de tu vida, atravesar el estrés y ofrecer guía a las personas que la necesitan. Con tu nueva caja de herramientas puedes experimentar una vida con más bendiciones, paz y liberación del miedo: Eso es un milagro.

Seguirás teniendo momentos de duda y autosabotaje. De manera externa, te encontrarás con personas que se oponen a lo que estás haciendo e, internamente, con el contragolpe de tu ego. Habrá obstáculos en tu camino que intentarán bloquear tu fe en el amor.

Estos obstáculos pueden derribarte o elevarte; dependerá de cómo elijas percibirlos. Si enfrentas los obstáculos desde la perspectiva del milagro, encontrarás en tu camino oportunidades para crecer, en lugar de bloqueos. Si continúas confiando en tu sistema de guía interna, siempre serás conducido en la dirección correcta. Acepta que la guía que necesitas está dentro de ti.

Tú eres el gurú, es hora de que lo reconozcas. Sí, se te seguirá guiando hacia los maestros y sanadores que te ayudarán a fortalecer tus músculos del milagro, pero la verdadera orientación debe venir de tu interior.

Jesús dijo:

Si sacas lo que está dentro de ti,
lo que saques te salvará.

Si no sacas lo que está dentro de ti,
lo que no saques te destruirá.

Este ha sido un viaje para desaprender los miedos del pasado y recuperar la amorosa verdad que hay dentro de ti. Al seguir aplicando estos principios en tu vida, la voz del amor se convertirá pronto en la única voz que escuches. La voz del amor no te abandonará nunca.

Usa este libro el resto de tu vida. Cada vez que te sientas atorado, abre el libro al azar y confía en que tu guía interno te llevará al ejercicio perfecto. Ten fe en que las páginas que abras te reflejarán exactamente lo que necesitas en ese momento. Confía en la guía y luego actúa en consecuencia.

Confía en que tú tienes las respuestas, los recursos y la sabiduría para estar presente en la vida con grandeza y fortaleza de ánimo. Da rienda suelta a tu poder interno con convicción semejante a la de un santo. Reconoce que tú eres el gurú.

Mensaje milagroso #108:
Tú eres el gurú.
#MilagrosAhora

El comienzo...

Agradecimientos

Hay muchas personas que ayudaron a que este libro saliera a la luz. En primer lugar quiero agradecer a mi agente, Michele Martin: Tú eres mi pareja literaria, y es un honor caminar esta vida conectada contigo. A Louise Hay, Reid Tracy, Patty Gift, y a todo el equipo de Hay House: Es maravilloso ser parte de su familia editorial. Gracias a todos por el esfuerzo que hicieron para realizar este libro. A Kelly Wolf y a mi fantástico equipo de relaciones públicas de Sarah Hall PR: Gracias por ayudarme a compartir este libro con el mundo. Agradezco a mi editora, Katie Karlson, por poner su magia en cada uno de mis libros. Va un agradecimiento especial al equipo de diseño que creó las imágenes de la cubierta y del interior: Chloe Crespi, Emily French, Michael O'Neill y Katrina Sorrentino.

A mi esposo, Zach: Gracias por creer en mí siempre y hacer el espacio para que yo pueda compartir este trabajo con el mundo.

Finalmente, quisiera agradecer a Yogui Bhajan y a la comunidad de Golden Bridge Yoga por ayudarme a convertirme en una maestra más fuerte y a expandir mi conciencia interna.

Sat Nam

Impreso en los talleres de
Trabajos Manuales Escolares,
Oriente 142 No. 216
Col. Moctezuma 2a. Secc.
Tels. 5 784.18.11 y 5 784.11.44
México, D.F.